ZUQIU CHUJI JIAOXUE

足球
初级教学

武冰冰 徐 猛 杨念恩 著

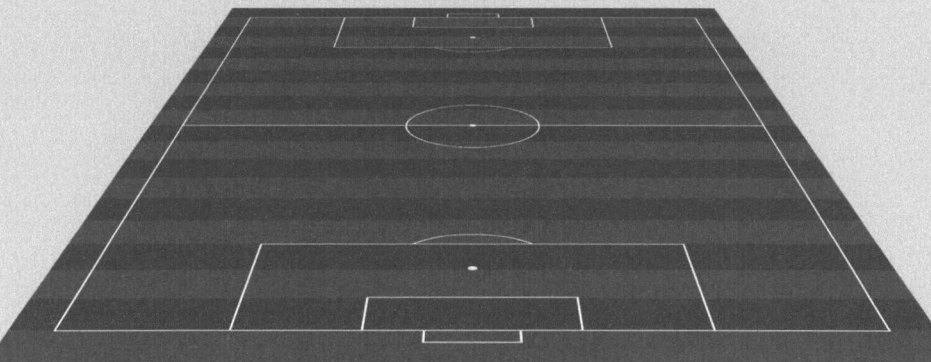

人民体育出版社

图书在版编目（CIP）数据

足球初级教学 / 武冰冰, 徐猛, 杨念恩著. -- 北京：人民体育出版社, 2024
　　ISBN 978-7-5009-6456-8

Ⅰ.①足… Ⅱ.①武… ②徐… ③杨… Ⅲ.①足球运动—教学研究 Ⅳ.①G843.2

中国国家版本馆CIP数据核字(2024)第086300号

*

人 民 体 育 出 版 社 出 版 发 行
北京明达祥瑞文化传媒有限责任公司印刷
新　华　书　店　经　销

*

787×960　16开本　9.25印张　157千字
2024年6月第1版　2024年6月第1次印刷

*

ISBN 978-7-5009-6456-8
定价：62.00元

社址：北京市东城区体育馆路8号（天坛公园东门）
电话：67151482（发行部）　　邮编：100061
传真：67151483　　　　　　　邮购：67118491
网址：www.psphpress.com
（购买本社图书，如遇有缺损页可与邮购部联系）

目录

第一章 足球初级教学的基本理论 …………………………（1）

 第一节 足球初级教学概述……………………………（1）

 第二节 足球初级教学目标的设计……………………（3）

 第三节 足球初级教学内容的设计……………………（4）

 第四节 教学训练方法的分类与概念…………………（5）

  总结……………………………………………………（7）

  球星故事………………………………………………（8）

  思考与练习……………………………………………（9）

第二章 足球课的准备活动 ………………………………（10）

 第一节 准备活动的作用与注意事项…………………（10）

 第二节 准备活动的分类………………………………（11）

  总结……………………………………………………（20）

　　　　球星故事……………………………………………………（20）

　　　　思考与练习…………………………………………………（22）

第三章　足球技术之球性………………………………（23）

　　　球性练习的各种方法……………………………………（23）

　　　　总结…………………………………………………………（44）

　　　　球星故事……………………………………………………（45）

　　　　思考与练习…………………………………………………（47）

第四章　足球技术之运球………………………………（48）

　　　第一节　运球的技术动作分析……………………………（48）

　　　第二节　运球的练习方法…………………………………（52）

　　　　总结…………………………………………………………（56）

　　　　球星故事……………………………………………………（56）

　　　　思考与练习…………………………………………………（57）

第五章　足球技术之传球………………………………（59）

　　　第一节　传球技术的概述…………………………………（59）

　　　第二节　脚内侧传球的动作要领和教学步骤……………（61）

　　　第三节　脚背内侧传球的动作要领和教学步骤…………（66）

　　　第四节　弧线球的原理和动作示范………………………（71）

第五节　传球的练习方法⋯⋯⋯⋯⋯⋯⋯⋯⋯⋯⋯⋯⋯⋯⋯（75）

　　　　总结⋯⋯⋯⋯⋯⋯⋯⋯⋯⋯⋯⋯⋯⋯⋯⋯⋯⋯⋯⋯⋯⋯（77）

　　　　球星故事⋯⋯⋯⋯⋯⋯⋯⋯⋯⋯⋯⋯⋯⋯⋯⋯⋯⋯⋯⋯（77）

　　　　思考与练习⋯⋯⋯⋯⋯⋯⋯⋯⋯⋯⋯⋯⋯⋯⋯⋯⋯⋯⋯（79）

第六章　足球技术之接球⋯⋯⋯⋯⋯⋯⋯⋯⋯⋯⋯⋯⋯⋯⋯（80）

　　第一节　接球概述⋯⋯⋯⋯⋯⋯⋯⋯⋯⋯⋯⋯⋯⋯⋯⋯⋯（81）

　　第二节　脚内侧接地滚球的动作要领和示范教学⋯⋯⋯⋯（81）

　　第三节　脚内侧接反弹球的动作要领和示范教学⋯⋯⋯⋯（84）

　　第四节　接球的练习方法⋯⋯⋯⋯⋯⋯⋯⋯⋯⋯⋯⋯⋯⋯（85）

　　　　总结⋯⋯⋯⋯⋯⋯⋯⋯⋯⋯⋯⋯⋯⋯⋯⋯⋯⋯⋯⋯⋯⋯（89）

　　　　球星故事⋯⋯⋯⋯⋯⋯⋯⋯⋯⋯⋯⋯⋯⋯⋯⋯⋯⋯⋯⋯（89）

　　　　思考与练习⋯⋯⋯⋯⋯⋯⋯⋯⋯⋯⋯⋯⋯⋯⋯⋯⋯⋯⋯（91）

第七章　足球技术之头顶球⋯⋯⋯⋯⋯⋯⋯⋯⋯⋯⋯⋯⋯⋯（92）

　　第一节　头顶球的分类与技术动作分析⋯⋯⋯⋯⋯⋯⋯⋯（92）

　　第二节　原地前额头顶球的动作要领和示范教学⋯⋯⋯⋯（98）

　　第三节　鱼跃头顶球的动作要领和示范教学⋯⋯⋯⋯⋯⋯（104）

　　第四节　头顶球的练习方法⋯⋯⋯⋯⋯⋯⋯⋯⋯⋯⋯⋯⋯（108）

　　　　总结⋯⋯⋯⋯⋯⋯⋯⋯⋯⋯⋯⋯⋯⋯⋯⋯⋯⋯⋯⋯⋯⋯（111）

　　　　球星故事⋯⋯⋯⋯⋯⋯⋯⋯⋯⋯⋯⋯⋯⋯⋯⋯⋯⋯⋯⋯（111）

　　　　思考与练习⋯⋯⋯⋯⋯⋯⋯⋯⋯⋯⋯⋯⋯⋯⋯⋯⋯⋯⋯（113）

第八章　足球战术之二过一配合 （114）

第一节　二过一的种类与注意事项 （114）
第二节　二过一的教学步骤 （120）
第三节　各种二过一练习方法（供借鉴） （121）
　总结 （123）
　球星故事 （123）
　思考与练习 （125）

第九章　足球战术之个人与小组攻防战术 （127）

第一节　一对一攻防要点和练习示范 （127）
第二节　二对二攻防要点和练习示范 （131）
第三节　三对三攻防要点和练习示范 （133）
第四节　四对四攻防要点和示范练习 （138）
　总结 （140）
　球星故事 （140）
　思考与练习 （142）

第一章　足球初级教学的基本理论

《"十四五"体育发展规划》强调，要大力发展"三大球"青少年训练和竞赛工作，培育业余足球俱乐部和校园足球社团。校园足球在促进青少年身心健康以及足球后备人才培养方面的功能日益显现。"教会、勤练、常赛"是保障校园足球高质量发展的基本途径。对于做到"教会"，科学、系统的足球教学起着举足轻重的作用，必须大力发展足球教学理论。在素质教育改革日益深化的今天，传统教学模式已不能很好地满足当代学生学习的需求，因此，有必要去寻找符合青少年足球发展要求的新型教学方法。

第一节　足球初级教学概述

足球运动是以脚为主，控制和支配球，两个队在同一场地内进行攻守，以将球射入对方球门为目的的体育运动项目。足球运动的对抗性很强，运动员在比赛中采用合乎规则的各种动作，包括奔跑、急停、转身、倒地、跳跃、冲顶、冲撞等，同对手进行激烈的争夺。足球比赛场地大、人数多、时间长、运动员的运动负荷较大。足球运动的技术和战术比较复杂、难度也大。经常从事这项运动，不仅有利于增强体质、促进健康，也有利于培养人们勇敢顽强、机智果断等优良品质和团结协作的集体主义精神。现代足球运动的价值和影响，已经远远超出了足球运动本身，成为一个国家政治、经济和文化交流的工具，对振奋民族精神、弘扬民族文化和反映一个国家的整体实力具有重要意义。

足球运动是世界上开展最广泛、影响最大的体育运动项目，被誉为"世界第一运动"，深受世界各国人民的喜爱。足球运动具有极强的观赏性，足球比赛过程中运动员在赛场上的拼搏吸引了无数球迷。一场精彩的足球比赛，吸引着成千上万的现场观众和数以亿计的电视观众，足球比赛成为电视节目中的重要内容，有关足球消息的报道，占据着世界上各种报

刊的很大篇幅，当今足球运动已成为很多人生活中不可缺少的一部分。

　　足球运动源于中国，但是近代中国足球的普及和开展并不顺利，在国际赛场上的竞赛成绩并不理想。早在中华人民共和国成立初期，我们国家就把足球这一项目列入了小学、中学和大学的体育教学大纲中，成为体育课的一项教学内容。国家体育总局和教育部于2009年联合发布了《关于开展全国青少年校园足球活动的通知》，随后，《中国足球中长期发展规划（2016—2050年）》等文件的出台，标志着我国校园足球事业进入高速发展阶段。2017年教育部等6部门在《关于加快发展青少年校园足球的实施意见》中，提出了要深化足球教学改革，其中就指出了将提升足球训练与足球教学质量作为重要任务。2020年7月，教育部、国家发展与改革委员会、财政部等7个部门联合印发的《全国青少年校园足球八大体系建设行动计划》指出，全面优化、完善学校课程系统建设，在教会与学会上下功夫，推动学校足球教学改革。各校应以《中国足球协会青少年训练大纲》规定的教学内容为主，主动参照中国足协青少年训练大纲的内容，结合各校实际情况，形成内容丰富、形式多样、因材施教的校园足球教学。其中一个体系便是"精准发力，健全校园足球教学体系"。健全足球教学体系既离不开教育部门和学校的统筹规划，也离不开体育教师在教学上的刻苦钻研，这样才能把足球教学从显性知识层面上僵硬化、标准化的单一教学转变为灵活的、高质量的丰富教学，进而提升学生技能和动作模式。

　　足球初级教学是针对青少年的足球教学，因为青少年足球是中国足球的基础工程，是竞技足球、社会足球和足球产业的源头和基础。要实现中国足球运动的发展进步，就一定要坚定不移地从青少年抓起。纵观世界足球发达国家的成功经验，只有正确、系统、稳定、持续地发展青少年足球，才能在世界足坛中保持足够的竞争力。根据《中国足球协会青少年训练大纲》的要求，将青少年划分为启蒙阶段（U5）、基础阶段（U6~U12）、发展阶段（U13~U16）、提高过渡阶段（U17~U21）4个年龄阶段。足球初级教学主要针对启蒙阶段和基础阶段进行技战术指导，为发展提高阶段打下良好的基础。

　　足球初级教学作为足球教学的初级阶段，具有鲜明的特点：

　　（1）注重学生对足球的兴趣。在足球教学中，教学方法的更新和教学内容的选择都需要特别关注学生的兴趣培养，只有激发和保持学生的兴趣，才能让学生自觉、积极地参与到足球运动中，不断提高足球运动水平。

（2）教学内容安排应循序渐进，具有针对性。足球初级教学所面对的学生是初学者，是新手，所以内容要浅显易懂，愿景、目标要明确，并具有针对性。从最简单的动作开始，引导学生掌握动作要领，逐渐过渡，为学生的未来发展夯实基础。

（3）尊重青少年生长发育规律，强化体能训练，强调教学内容的教育性和学生锻炼效果。以技术、战术、身体、心智和社交构成的发展五环模型是学生竞技能力培养和评估的关键环节。确立以学生为核心的发展理念，为学生成长创造机会，围绕五环模型提升学生能力，鼓励并帮助学生设置合理目标挑战新高度。青少年阶段不应以竞赛成绩为单一考核标准，而是要促进学生全面发展。

第二节　足球初级教学目标的设计

足球初级教学目标的制定要体现国家对足球运动发展的要求，符合相关政策的基本精神。作为足球的初级教学目标，应突出对球感、基本技战术的要求，突出足球对学生全面发展的影响，突出学生对足球基本知识和规则的了解。

一、足球初级教学目标设计的要求

（1）从实际出发，反映足球教学的发展趋势。

制定足球初级教学目标要考虑校园足球和足球青训的条件与环境，与培养足球后备人才的需求结合起来。同时，要具有长远的观点，考虑学生及足球运动的发展趋势。

（2）足球初级教学目标具有整体性。

要注意初级阶段足球教学的特点，考虑衔接问题，要有利于为学生在发展阶段和提高过渡阶段提供基础条件。

（3）足球初级教学目标应尽量明确，可以量化。

足球教学目标要明确教学能达到的结果，尽可能使用可观察、可测量

的具体指标，为足球教学的实施和检查评估提供依据。

二、足球初级教学的具体目标

（1）参与足球运动训练、游戏和比赛，培养学生的球感，让学生体验足球运动的乐趣。

（2）使学生初步了解足球运动的基础知识，通过多种多样的游戏形式，使学生初步掌握足球的主要基本技术和简单战术，并能在比赛中使用所学的技战术。

（3）通过足球教学发展学生的速度、力量、耐力等身体素质，发展球员的体能。

（4）通过足球游戏和教学比赛等形式，强化规则意识，培养学生的合作意识、良好的心理品质和社会适应能力。

第三节　足球初级教学内容的设计

足球初级教学内容是依据足球初级教学的目标初步选择的、根据球员发展需要和教学条件进行加工的，在足球教学环境下传授给学生的足球运动基础知识、足球运动技战术和比赛规则方法等。

依据足球初级教学的目标，足球初级教学的内容涵盖足球准备活动、熟悉球性、运球、传球、接球和头顶球等所有足球基本技术以及二过一和个人与小组足球战术等教学内容。

一、准备活动部分

足球运动的准备活动教学针对初学者的年龄特点和运动经历，首先介绍准备活动的作用，让球员了解为什么要做准备活动；然后让球员了解准备活动的注意事项，包括准备活动的时间、准备活动的强度；然后教会球员具体的活动方式。准备活动要严格按照要求来完成，尤其是初学者，能够提高球员的运动体验，有效地减少运动损伤。

二、足球初级教学的技术部分

（1）球性练习即对球的控制能力，主要讲解踢球的脚型，各种颠球的练习。主要内容有球性的练习方法、球性的分类。

（2）运球部分主要包括运球的分类、一次性运球的3个阶段和运球的练习方式。

（3）传球是足球运动中的重要部分，该部分着重讲解传球过程中的5个技术环节，主要通过脚内侧传球和脚背内侧传球技术的教学让球员学会基础的传球技术。该部分介绍了各技术环节中的细节，能够让初学者更好地接受。

（4）接球是球员获得球的主要手段之一，该部分主要讲解接球的方法以及接球的要点。接球的要点在于切球和迎撤，介绍7种不同部位的接球方法。

（5）头顶球部分主要讲解各种头顶球的动作要领，包括摆动、头触球和触球后的身体控制。主要内容包括头顶球技术的分类、头顶球的练习方法。

三、足球初级教学的战术部分

（1）足球二过一技术。该部分主要讲解斜传直插、直传斜插、交叉换位、回传反切和套边插上5种常见的二过一技术及其练习方法。

（2）个人与小组进攻与防守的站位和队形保持。该部分着重讲解防守中的选位、收缩和换位，进攻中的接应和制造宽度。主要内容有1对1、2对2、3对3、4对4的攻守站位和队形保持。

第四节　教学训练方法的分类与概念

足球教学训练方法是指在足球教学过程中，教师与学生为实现教学目标和完成教学任务而有计划地采用的、可以产生教与学相互作用的有技术性的教学活动。足球教学方法主要包括足球教学策略、足球教学技术和足球教学手段三个主要的层次。

在足球初级教学中，主要采用了讲解示范法、模仿练习法、完整法与分解法、分组练习法和持续练习法。

1. 讲解示范法

讲解示范法是指教师边做动作边使用语言讲解动作的名称、做法、要领及要求的一种教学方法。讲解示范法是技能教学中最常用的教学方法之一，熟练、规范地实施讲解示范教学，可以有效地提升教学效率和教学质量。

足球初级教学面对的是新手球员，讲解要吐字清晰、突出细节，具有启发性、亲和力。保证示范动作准确、简洁，做到讲解与示范相结合。

2. 模仿练习法

模仿练习法是球员模仿视频、教练员及优秀球员的技术动作，经过长时间练习逐渐熟练并掌握技术动作的方法。

3. 完整法与分解法

（1）完整法是指从动作的开始到结束，不分部分和段落，完整、连续地进行教学和练习的方法。

完整教学法是以动作或运动技术的运用为目的，在整个运动项目中分析动作或运动技术具体的运用场景，教师经过提取加工运用到教学中的方法，即如何完整地体现运动项目特征的教学思维。

完整法的优点是不破坏动作结构，不割裂动作与动作之间的内在联系，便于学生完整地掌握动作；缺点是学生不易掌握教材中比较关键和较难的要素和环节（即重点和难点）。

运用完整法教学的一般要求：在进行动作简单、学生容易掌握的教材时，教师在讲解、示范之后，就可以立即组织学生练习，在练习中教师发现错误，应及时指导纠正。在进行复杂动作的教学时，可以着重突破动作技术的重点。先解决技术基础（动作的基本环节），然后去解决技术细节（每一环节中的细节技术）。对有一定难度的动作使用完整法教学时，可先简化动作的要求，再按照教材技术规格的要求进行教学。

（2）分解法是指将一个完整的动作技术合理地分解成几个部分，逐个进行教授，最后完整教授运动技术的方法。

分解法以动作技术结构为基础进行分解。分解法的优点是可以使动作技术难度降低，突出重点和难点，提高学习信心，使学生较快地掌握动作技术；缺点是容易割裂动作技术，破坏动作技术结构，影响正确动作技能的形成。

4. 分组练习法

分组练习法是一种常用的教学组织形式。为达到训练目的，将受训者分成3~5人一个小组，并指定技术好的受训者为小组长进行教练的一种方法。它便于受训者互相观摩、互相促进。分组的依据较多，有的按照对技术掌握程度的高低进行分组，有的按照性别分组，有的按照性格分组等。一般情况下，每组要挑选出一名组长来负责组织，配合教师完成教学任务。

分组练习要充分发挥学生的主观能动性，加强组与组之间、组内学生间的学习与交流，互帮互学、取长补短，同时培养学生分析和解决问题的能力；还可以安排各组练习不同的内容，区别对待，激发学生的学习兴趣。

5. 持续练习法

持续练习法是指在较长的时间里（不少于30分钟），以较为恒定的强度持续进行练习的方法。持续练习法具有持续刺激机体的作用，有利于改善大脑皮层神经过程的均衡性，改善心血管系统和呼吸系统的功能，能较经济地利用体内储备的能量，有利于发展学生的有氧耐力和一般耐力。

持续练习法由于持续时间较长，又没有明显的间歇，所以总的练习负荷量较大。构成持续练习法的基本要素是重复练习的方式、时间与强度，在方式固定的情况下，练习的时间与强度可作相应调整，如练习强度大，时间可缩短；练习强度小，则适当延长练习时间。

> 本节主要讲了足球初级教学的概念和特点，并介绍了足球初级教学目标设计的理念和要求，结合全文概括了足球初级教学的主要技术环节，最后介绍了足球初级教学的方法。

总结

球星故事

姆巴佩励志故事

基利安·姆巴佩，1998年12月20日出生于法国塞纳-圣但尼省邦迪，他的足球之路充满了传奇色彩。

姆巴佩出生于体育世家，父亲是足球教练，母亲是手球运动员，这让他从小就继承了优秀的运动天赋。4岁时，父亲便带他接触足球，5岁那年他加入了父亲执教的球队。由于父亲的特殊"照顾"，他常常要面对比自己年长的对手，但姆巴佩总能迅速适应并进步神速。11岁时，姆巴佩加盟了全法国最著名的青训人才基地——克莱枫丹国家足球学院。在这里，他凭借着天赋和勤奋刻苦地练习，逐渐养成了专注的训练态度、出色的球感及扎实的基础。

才华洋溢的姆巴佩很快受到关注，英超劲旅切尔西曾在他12岁时邀请试训，他也曾在齐达内的安排下前往皇家马德里参加测试，就连他幼时最喜欢的巴黎圣日耳曼也有意栽培。然而，姆巴佩的父母经过多方考量，最终选择让他去往摩纳哥青训学院。虽然最初来到摩纳哥时他并未受到器重，但得益于童年时期父亲的打磨训练，姆巴佩的才华逐渐显露。2013—2014赛季，姆巴佩多是以替补身份代表摩纳哥二队出战。2015年12月2日，16岁347天的姆巴佩上演摩纳哥一线队首秀，打破前辈亨利维持了21年之久的最年轻一线队出场球员纪录。2016年2月对阵特鲁瓦的比赛中，17岁62天的姆巴佩帮球队在补时阶段攻入一球，又一次打破了由亨利保持的摩纳哥队史最年轻得分手纪录。2015—2016赛季，他虽仅出赛14场，但表现备受肯定，最终在3月份获得摩纳哥的职业合同。

2016—2017赛季是姆巴佩真正崛起的一个赛季。联赛中，他打进15球并送出7次助攻，还在对阵梅斯的比赛中完成自己在法甲联赛的第一个帽子戏法，帮助球队力压大巴黎夺取联赛冠军。欧冠赛场上，姆巴佩在淘汰赛阶段连续进球，成为淘汰曼城的功臣，面对多特蒙德他打进3球，半决赛对阵尤文也有1球入账。这一赛季的惊艳表现，使姆巴佩成为各大豪门争夺的目标。转会窗口最后一天，巴黎圣日耳曼宣布姆巴佩加盟，租借及买断费总额高达1亿8千万欧元，18岁的他成为当时全世界身价第二高的球星。对姆巴佩而言，穿上巴黎圣日耳曼的球衣是无上光荣，因为这是他从小支持的球队。

加入巴黎日耳曼后，姆巴佩迅速适应并表现出色。2017年9月，姆巴佩在法甲联赛巴黎圣日耳曼客场对阵梅斯的比赛中收获大巴黎首粒进球。此后，他在各项赛事中屡有斩获，入选了2017年国际足联世界足球先生候选名单，获得2017年欧洲金童奖等诸多荣誉。在2017—2018赛季，姆巴佩帮助巴黎圣日耳曼夺得法甲联赛、法国杯、法国联赛杯冠军。在欧冠赛场上，他的表现也可圈可点。然而，姆巴佩的职业生涯并非一帆风顺。2021年欧洲杯1/8决赛，姆巴佩在点球大战中罚失关键点球，导致法国队被淘汰。这次经历对他而言是一次重大挫折，但也让他更加深刻地认识自己。

姆巴佩拥有着极高的足球天赋，同时他也非常努力。他的速度令对手闻风丧胆，盘球和过人技巧更是出色。他从小的偶像就是C罗，房间里贴满了C罗的海报，目标是成为像偶像一样有成就的球员。尽管年少成名，但姆巴佩保持着谦虚和慷慨。例如，他会在世界杯期间每场比赛结束后捐赠一定款项给为残疾儿童组织体育赛事的协会。

姆巴佩在世界杯的舞台上同样表现耀眼。2018年俄罗斯世界杯，19岁的他帮助法国队夺得冠军，个人荣获世界杯最佳新秀奖。2022年卡塔尔世界杯，姆巴佩7场比赛打入8球，荣获金靴奖。尽管法国队最终在决赛中点球大战不敌阿根廷队，但姆巴佩在比分落后两分的情况下，97秒内连进两球，展现出了强大的实力和顽强的斗志。

姆巴佩以两届世界杯共计12个进球，追平贝利，在现役球员中仅次于梅西。他是现今最优秀的前锋之一，这位天才少年正在书写着世界足坛新的故事，未来还有无限可能等待着他去创造。

思考与练习

1. 何谓足球初级教学，有什么特点？
2. 足球初级教学目标设计的要求有哪些？
3. 足球初级教学的技术包含哪些技术环节？
4. 足球初级教学采用了哪几种教学训练方法？

第二章　足球课的准备活动

准备活动是为了提高学生的兴奋性，组织学生集中注意力，使学生明确教学目标、内容要求，并为接下来的训练做好充分准备，避免伤害事故发生。

准备活动

第一节　准备活动的作用与注意事项

一、准备活动的作用

（1）提高中枢神经系统的兴奋性，加快神经传导速度，使身体各器官能够迅速达到适宜运动程度。

（2）提高呼吸频率，从而提高呼吸系统功能，增强氧运输系统所有环节的活动，增大肺通气量、吸气量和心输出量，提高心肌和骨骼肌中毛细血管舒张程度，使工作肌群获得更多的氧和能量的供应。

（3）提高肌肉温度，特别是深层肌肉的温度，促进血液循环。

（4）可降低肌肉的黏滞性，提高肌纤维、肌肉、肌腱的伸展性和弹性。

（5）增强皮肤的血液循环，有利于散热，防止正式练习时体温过高。

（6）专门性的准备活动可以增强和巩固大脑皮质有关中枢的神经联系。

（7）可以调节赛前状态，减少过度紧张、过度兴奋的心理状态。

二、准备活动的注意事项

1. 准备活动的时间

准备活动的时间，要充分考虑运动项目的特点、学生的个性特征、教材性质、季节气候等具体情况，正确安排准备活动的时间。一般以8~12

分钟为宜，如果时间过短，学生无法充分活动开；如果时间过长、强度过大、能量消耗过多，将影响基本部分的练习效果。

2. 准备活动的强度

准备活动的强度应循序渐进、由小到大、由慢到快，以保证机体有一个逐步适应的过程，以身体微微出汗为宜。

第二节 准备活动的分类

运动员在做准备活动时不仅需要进行常规的身体准备活动，还需要根据技术做一些专项性的准备活动。足球项目的准备活动分为一般性准备活动和专项性准备活动。

一、一般性准备活动

包括走、跑活动和颈部、上肢、躯干、下肢等部位的伸展练习。一些练习的性质、速度和形式应与学生从事的运动项目相吻合。

（一）慢跑

慢跑是一种简单易行的热身方法，它是一种有氧运动，可以加速机体的血液循环，调节呼吸系统，加快对氧气的吸收和利用。（图1）

图1

（二）静力性牵拉练习

可根据身体部位做牵拉练习，主要包括头颈、上肢、下肢的牵拉。（图2~图9）

1. 静力性牵拉练习—头颈

颈肌

图2

背肌

图3

2. 静力性牵拉练习—上肢部分

三角肌

图4

冈上肌、上臂后群

图5

3. 静力性牵拉练习—下肢部分

图6 盆带

图7 臀大肌

图8 大腿前侧

图9 大腿后侧肌群、大腿内侧

（三）动力性牵拉练习（行进间准备活动）

动力性牵拉练习如图10~图20所示。

图10 前后击掌

图11 振臂运动

图12 扩胸运动

图13 体转运动

图14 髋外展

图15 髋内收

图16 侧踢腿

图17 高抬腿

图18 跳起头球

图19 跳起冲撞（侧面）

图20 冲刺跑

（四）绳梯训练（方法很多，举例供参考）

1. 小步跑练习

前脚掌着地、每步落在小方格以内，要求轻快、节奏感强，脚踝有弹性。（图21）

要点：移动频率一定要高，速度与频率相结合；尽量不踏在绳梯上。

图21

2. 横向移动练习

身体侧对绳梯站立，两脚平行滑动，依次落入小方格内。同时，轻盈快速，保持前脚掌着地。（图22）

要点：移动的频率要高，手脚协调，尽量不踏在绳梯上。

图22

3. 分合练习

两脚同进同出，要求动作轻快流畅。（图23）

要点：分合的频率越高越好，加上抱架的姿势，尽量不踏在绳梯上。

图23

4. 单腿跳练习

面对绳梯站立，单脚支撑向前跳，要求动作轻快流畅。（图24）

要点：速度由慢到快，保持动作的准确性；加上抱架姿势，尽量不踏在绳梯上。

图24

5. 左右快速移动练习

面对绳梯站立，两脚依次踏进同一格子，再依次踏出，反复练习。（图25）

要点：左右频率一致，注意手脚的协调；速度由慢到快，尽量不踏在绳梯上。

图25

6. 高抬腿练习

面对绳梯站立，高抬腿依次踏进同一格子，再依次踏进下一格子，要求轻快流畅。（图26）

要点：腿要抬高，频率要高，尽量不踏在绳梯上。

图26

二、专项性准备活动

足球专项性准备活动是指符合足球项目特点的练习，包括足球专项模仿动作练习和其他与足球专项结合比较紧密的动作练习，确保参与足球练习的身体各部分关节、肌肉、韧带得到充分的活动。如运球、传球、假动作、颠球、抢圈等练习。（图27~图31）

图27

图28

假动作

图29

颠球

图30

抢圈

图31

第二章 足球课的准备活动

19

（1）要根据课的内容和学生的身心特点合理设置准备活动。

（2）要动静结合，以动力性和专项性准备活动为主。

（3）注意控制强度，以中小强度为适宜。

（4）采用合理的练习方法，以分组和持续练习法为主。

球星故事

不屈服的里奥·梅西

里奥·梅西，一个小时候被命运抛弃的人，身高只有1.69米的阿根廷小个子，却铸就了足坛辉煌，从侏儒到足坛巨人，成为历史上获得金球奖最多的人，此外他还获得了6次欧洲金靴、6次世界足球先生、8次西甲金靴，他的辉煌来自他的成长比常人付出更多的努力，他的故事也将被铭刻在足坛的丰碑上！

1987年6月24日，梅西出生在阿根廷洛萨里奥的一个普通家庭。他5岁开始踢足球，虽然个头小，但他比较灵活，速度极快，很多高大的玩家都防不住他。梅西6岁时，教练因为他年龄太小而拒绝让他参加比赛，但他的祖母不断地鼓励他，给他球鞋并告诉他："听着，你会成为最好的世界足球先生。"因此，每次进球后，梅西都用他标志性的手势指着天空，以告慰天堂的祖母。

梅西从小就喜欢足球，但10岁那年的一件事给了他很大的打击。当时他在纽维尔老男孩队参加训练。一天下午，他所在的球队和另外一个同年龄段的球队进行足球比赛。好几次，队友都把球传到了他的脚下，但由于过度紧张，他面对球门时竟闭上了眼睛，造成的结果就是球总是擦门而过。由于他多次错失良机，最后，他的球队惨败。终场结束，他痛苦地闭上眼睛。在更衣室里，好多伙伴把手指放在嘴边，对他发出嘲笑的嘘声。他换下来的鞋子也被一个同伴拿走，往里面吐口水，然后得意地给其他小伙伴展示，并现场给他起了一个外号——"臭鞋大王"。他难受极了，心想也许自己根本就不是踢球的料，干脆放弃算了。

他低着头，心烦意乱，一个人孤单地走在回家的路上，忍不住哇哇大哭。这时他看到一只青蛙正好奇地看着眼泪汪汪的自己，他有些生气，恶作剧般地朝青蛙撒了一泡尿。但他发现，在这个过程中，那只受辱的青蛙一直保持着一个姿势，仍鼓着一双圆眼看着自己，没有躲闪，没有逃离。他有些疑惑，也有些失落，怏怏不乐地回到家里，把今天发生的一切都原原本本地告诉了父亲。父亲告诉他，一个人要想成功，就要像那只姿态昂扬的青蛙那样，正视不公，接受失败。那天晚上，他的心灵被震撼了，他内心的梦想开始复苏，他觉得那只受辱而不屈的青蛙就是自己最好的老师。他暗暗发誓：我也要在逆境中努力，进最好的球队，成为像马拉多纳那样的伟大球员，登上足球的顶峰，成为世界足球先生！从那天起，他每天踢球8个小时以上，有条不紊地坚持学习和训练。教练的批评，队友的指责，他都能坦然面对，自信地昂起了头，一步一步地走自己的路，他的眼里只有一个目标——球门。

一年后，他遇到了人生的又一个坎。11岁时，虽然球技进步很快，但身高只有1.32米。他被发现患有侏儒症并停止生长，这几乎毁了他的运动生涯。他的家人坚持要为梅西治疗。梅西需要注射生长激素，每个月900美元的治疗费用让这个并不富裕的家庭负担沉重。后来，他的父亲失业了，再也无力支付梅西的治疗费用。他的父亲向梅西的俱乐部求助，但俱乐部不愿意为一个前途未卜的孩子出钱。

面对困境的梅西在训练中更加努力，他必须用足球来证明自己。2000年9月，年仅13岁身高只有1.4米的他受到邀请，去巴塞罗那试训。试训场上的他，像那只执著的青蛙一样紧紧盯着目标，连中三元。试训刚一结束，一张娃娃脸、骨瘦如柴的梅西用一颗无比坚毅的心征服了巴萨，俱乐部负责人毫不犹豫地给他在俱乐部注册并安排他去最好的医院接受治疗。在当年他参加的38场青少年比赛中，他一共打入31个进球。

让我们记住梅西的人生导师，那只遭受尿击仍然仰头鼓眼的青蛙。集中注意力，拼上所有的力量，朝着目标不懈努力，矢志不渝，不在意别人的打击和嘲笑，只要自己有目标，有无比积极的人生态度，不放弃、肯用心，终究会走出困境。这个世界会接纳你，梦想也会一步步成为现实。

思考与练习

1. 准备活动的注意事项包括（   ）。

   A. 准备活动的时间

   B. 准备活动的强度

   C. 准备活动的内容要符合本次教学训练的目的

2. 准备活动的强度应遵循的规律有（   ）。

   A. 循序渐进

   B. 由小到大

   C. 由慢到快

3. 足球的热身活动包括（   ）。

   A. 一般性热身活动

   B. 专项性准备活动

4. 请简述准备活动的作用。

第三章　足球技术之球性

　　球性练习对于培养运动员的球感、熟悉足球运动轨迹、掌握足球特性、做到人球结合有着非常重要的作用。球性练习应贯穿整个足球教学和训练过程，正所谓"九层之台，起于垒土；千里之行，始于足下。"

球性练习

　　本课教学目标为：
　　（1）学习各种球性的练习方法；
　　（2）掌握准确的脚型及触球部位；
　　（3）提高对球的控制能力，发展灵敏、速度、耐力等身体素质。
　　本课重难点为对球的控制、正确的脚型及合理的速度。
　　本课练习内容有各种颠球、各个部位的接传球练习和脚下运、拨、拉、扣、假动作等练习。
　　本课常用的练习方法包括讲解示范法、完整法与分解法、分组练习法、持续练习法。

球性练习的各种方法

一、颠球

　　颠球指用身体的某个或某些部位连续不断地将处于空中的球轻轻击起的动作，是增强球感、熟悉球性的有效方法。
　　脚背正面颠球最为常见，是最简单、最重要的颠球练习。此外还有用脚内侧、脚外侧、大腿、肩部、胸部、头部等共计12个部位进行的颠球练习，是任何等级的运动员都常练不懈的练习。（图32）

颠球部位

图32

下面我们以脚背正面颠球为例做示范教学，其教学顺序为讲解示范、原地模仿练习、手抛球练习、完整动作练习。

1. **讲解示范**

支撑腿的膝关节微屈，身体重心在支撑腿上，当球落至低于膝关节时，颠球脚的膝、踝适当放松，并柔和地向前上方稍甩动，脚尖稍翘起，用脚背正面轻击球的底部，将球向上颠起。颠球不宜过高，略有后旋。（图33、图34）

图33　　　　　　　　　图34

2. 原地模仿练习

原地不持球，做脚背正面颠球的模仿动作，体会动作的各个细节，初步建立动作概念。（图35、图36）

图35

图36

3. 手抛球练习

先抛一次用脚背正面颠起再用手接住，循环往复，两脚交替进行，体会动作发力顺序和脚背正面与球之间的触感。待一抛一接熟练后，可以尝试抛球后两脚连续颠几次。（图37、图38）

图37

图38

4. 完整动作练习

可用手抛球或者脚底拉球将球挑起后进行脚背正面的连续颠球，直到较为熟练。（图39）

图39

注：其他部位的颠球教学顺序同上，待掌握其他部位的颠球动作后，可以进行自由组合颠球。（图40～图42）

大腿

图40

脚内侧

图41

脚外侧

图42

第三章 足球技术之球性

27

二、各个部位的传接球练习

1. 脚内侧传球

脚内侧传球练习如图43、图44所示。

图43

图44

2. 脚背正面传球

脚背正面传球练习如图45、图46所示。

图45

图46

3. 头顶球

头顶球练习如图47~图49所示。

图47

图48

图49

4. 胸部接传球

胸部接传球练习如图50、图51所示。

判断选位

图50

两臂自然上举，下颚微收，两腿前后或左右开立，蹬地重心上移，挺胸将球向上自然顶起。

图51

5. 大腿接传球

大腿接传球练习如图52、图53所示。

图52

图53

6. 接传反弹球（以头球为例）

接传反弹球练习如图54～图58所示。

图54

图55

图56

图57

图58

三、脚下运、拨、拉、扣等练习

在做这一类型的练习时，注意上下肢的配合，降低身体重心，两腿之间距离稍宽，球在身体重心的下方，或者触球腿膝关节的下方。（图59~图63）

图59

图60

拉

球在重心的下方或在支撑腿膝关节的下方

图61

扣

脚尖微翘　　重心在支撑腿上

图62

假动作

注意重心移动

图63

1. 双脚交替踩球前进、后退

重心在支撑腿上，非支撑腿前脚掌触球，双脚交换一定要连贯，身体协调发力。速度一开始不要很快，逐渐熟悉以后慢慢加快速度。（图64、图65）

图64

图65

2. 双脚连续扣球前进、后退

降低身体重心，脚尖微微上翘并内扣，将球在两脚之间来回扣动前进或后退。（图66、图67）

图66

图67

3. V字拉球

用前脚掌将球向身体内侧拉，再用同一只脚脚内侧将球向外侧推出去，双脚之间如此循环往复。（图68、图69）

图68

图69

4. 侧向拉球

前脚掌连续拉球，支撑腿要有提前量，身体重心落在支撑腿上。（图70、图71）

图70

图71

40

5. 单脚扣拨球

非支撑腿脚尖微翘，先脚内侧扣球，然后用同一只脚的脚背外侧往外拨出，循环以上动作。（图72、图73）

图72

图73

6. 两脚连续扣拨球

非支撑腿脚尖微翘，先脚内侧扣球，再用同一只脚的脚背外侧往外拨出，然后过渡到另外一只脚重复上述动作，循环往复进行练习。（图74、图75）

图74

图75

四、假动作

假动作要求动作逼真、协调自然、注重节奏感。常用的假动作有剪式、虚晃、位移、扣拨球、V字型等。（图76~图79）

图76

图77

图78 位移

图79 扣拨球

> 球性练习的方法很多，我们在这里仅提供几种，希望大家能举一反三，根据具体要求合理设计教学内容和方法。

总结

球星故事

中国球王李惠堂

李惠堂（1905年9月18日—1979年7月4日），字光梁，号鲁卫，祖籍广东五华县的粤籍客家人，梅州八贤之一，身高1.82米，司职前锋。李惠堂出生于香港，从17岁开始，即活跃于20世纪20—30年代的亚洲足坛，不但是战前少见的中国职业足球球员，也是公认的中国足球球王，曾带领港沪两地足球精英，称霸于第七、第八、第九及第十届的远东运动会。1976年在德意志联邦共和国足球杂志组织的评选活动中，他被评为世界五名球王之一。

1922年，年仅17岁的李惠堂被选入香港最有名气的足球劲旅——南华队，出任主力前锋。他身高1.82米，速度快，动作敏捷，控球技术尤为出色。球在他的脚下，对方两三个人围上去也难以抢走。他的射门技术更是令人叫绝，不管什么位置、什么角度，他都能左右开弓，球出如矢，力敌千钧。他的倒地卧射更是一大绝招。1922年夏天，李惠堂代表南华队参加香港甲级足球联赛，出任左内锋，因其球艺娴熟习钻，出神入化，常有惊人之举，香港球迷称之为"球怪"。1923年5月，李惠堂第一次代表中国足球队参加日本大阪举行的第六届远东运动会，中国队获得冠军。李惠堂在4场比赛中初露锋芒，名声大震。从此开始了他献身足球事业的光荣生涯。同年8月，李惠堂随南华队去澳大利亚与全澳冠军新南威尔士队交锋。开场仅5分钟李惠堂就梅开二度，这场比赛他一人就独中三元，澳州当局专门授予他金质奖章。香港当地报纸以特大号标题，称李惠堂为"球王"，并有"万人声里叫球王，碧眼紫髯也颂扬"的诗句。

1925年，年轻的李惠堂怀着强烈的爱国热忱，与邻居廖月英从香港来到上海，决心要与外国球队较量。李惠堂在上海期间，正值自己足球技艺的巅峰状态，由于球艺出众，22岁即被上海复旦大学足球队聘为教练。随后，又加入上海乐华足球队，战绩显赫。1926年，李惠堂率乐华足球队参加上海举行的"史考托杯"足球赛，以4比1的比分大胜蝉联9届冠军的英国猎克斯队，首开上海华人足球队击败外国球队的纪录，使李惠堂在绿茵场上的威望大增。洗雪了"东亚病夫"的耻辱，为中华民族争了光。1927

年，李惠堂所在的球队如日中天，相继荣获西联甲组联赛、首届高级杯赛和中联甲组联赛的冠军，李惠堂成为大名鼎鼎的"一代球王"。同年，李惠堂率乐华队在远征东南亚国家的比赛中，屡建奇功，特别是率队出战菲律宾，战绩彪炳，载誉而归。

20世纪20年代，在中国流传着这样一句话："看戏要看梅兰芳，看球要看李惠堂。"那时，一位足球明星能够和京剧大师梅兰芳的名字相提并论，确实超乎寻常。可见他以顽强的拼搏精神，高超的球艺，赢得了人们的尊敬与喜爱。

李惠堂为国家队作出了突出的贡献。1923年入选中国队，分别于1923年、1925年、1930年、1934年参加了第六届、第七届、第九届和第十届远东运动会足球赛，4次都为中国队夺得冠军。1931年李惠堂返回香港，加入南华足球队并担任队长。1931年，国际奥委会承认"中华全国体育协进会"为国际奥委会会员，使我国体育健儿有机会与其他国家的足球运动员进行交流、切磋。由于当时的国民党政府财力困难，1936年为参加柏林奥运会足球赛，李惠堂和足球队只能自筹资金，提前两个多月出发，靠沿途比赛的门票收入作为参加奥运会的费用。李惠堂和队友沿途进行了27场比赛，取得了23胜4平的战绩。他们省吃俭用，一路风尘地赶到柏林。但由于一路征战，球员已疲惫不堪，到奥运会比赛时，以0比2负于英国国奥队，首轮即遭淘汰。1939年，李惠堂随香港南华队远征南洋，在和马来西亚槟城联军队的首战中，南华队以11比0大胜。在这场比赛当中，35岁的李惠堂雄姿依旧，频频带球过人开弓劲射，独入7球。香港沦陷后，李惠堂不愿做亡国奴，于1941年借到澳门比赛之机，辗转回到内地。他与家乡人组建了五华足球队。在家门口贴上了一副对联："认认真真抗战，随随便便过年。"

1942年，李惠堂到梅州与强民队对垒，结果以1比3"礼让"强民队。第二年，李惠堂邀请香港甲组高手，以"航建队"名义，与强民队再次比赛。通过这两次比赛，对"足球之乡"梅州足球运动的发展起到了一定的推动作用。尔后，李惠堂到桂林组织广东足球队，参加所谓四省"元首杯"足球赛。他先后在重庆、成都、自贡等地作表演赛和义赛，筹集款项，救济战争孤儿、难民，支持抗日救国。1947年，李惠堂在香港参加埠际赛（沪港杯赛的前身），他射出的一个点球被扑中，这场比赛是他的"挂靴之战"。

1948年，李惠堂在英国罗布雷受训四个星期，获得英国足球总教练的文凭，并获得国际足联颁发的国际裁判证书，成为中国第一位获得国际裁判资格的人。回香港后，他创立了华人足球裁判会，蝉联6届主席。

根据相关数据统计可以得知，在他一生参加过的比赛中，他总共踢进了1860个球，这听起来是多么庞大的一个数字。相信在李惠堂的背后是日复一日的练习才能成就他当日的辉煌。在《离开母胎到现在》一文中，他写道："我最近的希望是能够带领球队周游列国，表现我国青年精神，远一步的志愿是能在世界足球场内夺得鳌头，使他人不敢轻视我国，使'东亚病夫'之名称，永远消失于深渊。"正如他所言，他做到了承诺过的一切。

他让世界各国都看到了中国足球未来的希望，是我辈之典范。其实中国足球现在虽处于困顿之中，可是我相信总有一天，我们中国足球会走出国门，走向世界。"少年强则国强，少年弱则国弱"，我辈当自强，中国足球的未来在青年人的身上。

思考与练习

1. 球性练习的作用包括（　　）。

　　A. 培养运动员的球感

　　B. 熟悉足球运动轨迹

　　C. 掌握足球特性

　　D. 做到人球结合

2. 侧向拉球技术的动作要领包括（　　）。

　　A. 脚底连续拉球

　　B. 支撑腿要有提前量

　　C. 重心落在支撑脚上

　　D. 重心落在拉球腿上

3. 颠球练习中常见的击球部位包括哪些？

第四章　足球技术之运球

运球与运球过人是运动员个人控球能力和个人进攻能力的集中体现，熟练掌握和合理运用运球与运球过人技术，对调控比赛节奏、丰富战术变化、突破密集防守、创造射门机会都具有实际的意义。运球与运球过人是指运动员有目的地控制球，它与盲目地向前带球推进有着不同的意义。

运球

教学目标为学习各种运球的练习方法，掌握准确的脚型及触球部位，提高对球的控制能力和发展灵敏、速度、耐力等身体素质。

重难点为对球的控制力，正确的脚型和合理的练习方法。

练习内容有各个部位运球的练习和脚下运、拨、拉、扣、假动作等练习。

常用的练习方法有讲解示范、完整与分解法、分组练习和持续练习法。

第一节　运球的技术动作分析

运球是指运动员在跑动中有目的地用脚连续推拨球的动作方法。

运球技术包括跑动与触球两种要素。运球的跑动具有步幅小、频率快、重心低的基本特征，这种跑动方式有助于队员及时调整身体与球的位置关系，适应运球急停、变速和变向等需要。这种方式有助于队员在运球时，在力量、方向上对球进行有效的控制。跑动与触球动作的协调转换和有序交替，便构成运球的动作过程。

运球的分类分为脚内侧运球、脚背正面运球、脚背外侧运球和脚背内侧运球。

一、运球的技术动作分析

完成一次运球动作都要经历支撑脚踏地蹬送、运球脚前摆触球和运球脚落地支撑三个阶段。

1. 支撑脚踏地蹬送阶段

蹬送动作的作用是推动人体重心前移，维持身体相对平衡，保证运球脚顺利完成触球动作。在这一阶段，应尽量缩短支撑时间，积极蹬送，以加速重心的移动。（图80～图82）

图80

图81　　　　　　　　　图82

2. 运球脚前摆触球阶段

在支撑脚蹬送的同时，运球脚前摆触球给球以推动力。触球动作包括触球部位、触球时间、触球力量和触球方向等因素。只有熟练地把握好这些因素，并协调其相互间的关系，才能保证对球的有效控制。（图83、图84）

图83

图84

3. 运球脚落地支撑阶段

运球脚触球后应顺势落地支撑，并随即过渡到蹬送动作，以保证重心移动的连续性，使人体与球的移动保持一种协调关系，为运球动作过程的连贯、流畅奠定良好的基础。（图85、图86）

图85

图86

在运球过程中，撑、蹬、摆、送动作是有序的统一体，应连贯完成。在此基础上重点解决好运球脚的前摆触球环节，这是掌握和提高运球技术的关键。

二、脚背正面运球的动作要领

脚背正面运球的动作要领：运球跑动时身体自然放松、上体稍前倾、步幅较小、两臂屈肘自然摆动。在运球脚提起时，膝关节微屈，脚跟提起，脚背绷紧，脚尖向下，在迈步前伸着地前，用脚背正面推拨球前进。脚背正面运球的特点：直线推拨，速度快，但路线单一。多在前方纵深距离较长的情况下运用。（图87~图90）

图87

图88

图89

图90

第二节　运球的练习方法

一、一对一运球过人攻防要点

进攻方：逼近对手时不要减速，同时让球左右摆动起来，调动防守队员；要和防守队员保持对方想抢但也很勉强抢到球的距离；要综合运用速度、运球方向的变化和假动作来过人，过人后加速摆脱。（图91）

防守方：积极而谨慎地逼近对手，要侧身位，有目的地防守一个方向，"堵中放边"；更加贴近对手，在限制对手运球空间的同时争取破坏或者抢断。（图92）

图91

图92

二、运球教学步骤

（1）消极防守下单脚脚内侧扣球加脚背外侧拨球，调动防守练习。（图93、图94）

图93

图94

（2）消极防守下双脚脚内侧扣球加脚背外侧拨球，调动防守练习。（图95、图96）

图95

图96

53

（3）积极防守下的一对一攻防练习。（图97、图98）

图97

图98

三、常用的运球练习方法（供借鉴）

（1）两组相向运球加各种变化练习。（图99、图100）

图99

图100

（2）折线各种脚法运球，变向练习。（图101、图102）

图101

图102

运球练习方法很多，我们在这里仅提供了几种，希望大家能举一反三，根据具体要求合理设计教学内容和方法。学习运球与运球过人，需要认真反复练习，经过练习每个人都可以形成自己的特点。

总结

球星故事

一代人的神塔——马拉多纳

在阿根廷这个球星诞生的地方，有一个叫菲奥里托的小镇，1960年10月30日，马拉多纳便出生于此。马拉多纳家庭很贫穷，爸爸能给马拉多纳的爱集中在一个用皮革和橡胶做的皮球上，正是这个球点亮了他对足球的热爱和天赋。在一个食不果腹的家庭中，马拉多纳一抱足球就是一整天，哪怕睡觉也是念念不忘踢球的场景，每天带着满身的尘土和晶莹剔透的汗水回家，像极了未来十几年在绿茵场上绽放的星光！

1986年，马岛战争结束后的第四年，迎来了墨西哥世界杯。在机缘巧合及命运的安排下，马拉多纳站在了英格兰的对面。马岛战争的耻辱阿根廷不会忘记，所有人都带着愤怒来到球场，马拉多纳也毫不掩饰他的蔑视和仇恨。第51分钟阿根廷禁区冲吊，马拉多纳高高跃起，将球顶在头顶，用手将球打进了球门，后来他的自传中坦言这一事实，并称其为"上帝之手"。"上帝之手"对于球王来讲并不是一个好的比喻，这也是他受争议的重要原因之一。依然是对阵英格兰的那场比赛，"上帝之手"后的马拉多纳5分钟后在万众瞩目之下连过6人，踢进了不可能进的"世纪之球"，进球的瞬间阿根廷球迷高举右手、喜极而泣，这个"世纪之球"似乎宣告着对强权主义的不满，把英格兰带来的战争屈辱和伤痛统统发泄一尽，并且他们也获得了那个属于他们的世界杯冠军。

马拉多纳从来不是一个完美的人。球场上他光芒万丈，球场外却争议缠身，阿根廷人说他是一半天使、一半魔鬼。吸烟、酗酒、打记者，围绕马拉多纳的丑闻满天飞。在交错的掌声和争议声中，马拉多纳的身体每况愈下，而且患上了肝炎、心脏病等一系列疾病，退役后入院无数次。2020年11月25日上午，一代球王马拉多纳因突发心梗逝世，这个拥有着传奇人生的阿根廷球星逝去，也让我们感到惋惜，阿根廷举国默哀3天，悼念这个为阿根廷做过巨大贡献的男人。2001年，马拉多纳踢完最后一场球告别球场前说："我犯了错，但是足球没有错。"身后是暴雨一样的欢呼声。他一生凭天赋从底层走到上流，却也为繁华所噬，犯下了无数过错。上帝之手回归天堂带着荣誉，带着争议，也带走了那份被时代定格的激情和传奇。

马拉多纳是一代人的灯塔，是阿根廷人民心中的"神"，是世界足坛永恒闪耀的星光。战争造就英雄，足球同样如此。如果将世界足球的荣誉殿堂比作一顶王冠，那么贝利和马拉多纳的名字，就是这顶王冠上最闪耀的明珠。

思考与练习

1. 下列关于运球跑动基本特征的描述正确的是（ ）。

　　A. 步幅小、频率快、重心低

　　B. 步幅大、频率慢、重心低

　　C. 步幅小、频率慢、重心高

　　D. 步幅大、频率快、重心高

2. 运球技术动作的构成有（ ）。

　　A. 支撑脚踏地蹬送

　　B. 运球脚前摆触球

　　C. 运球脚落地支撑

3. 简述脚背正面运球技术动作的要领。

第五章 足球技术之传球

本章学习的内容是传球。

教学目标为学习传球的动作要领和练习方法。

重难点是踢球的脚型、传球的力度、对球方向的控制。

练习方法有讲解示范、完整与分解法、模仿练习、分组练习、持续练习法。

传球配合

第一节 传球技术的概述

传球是比赛中组织进攻、组织战术配合和进行射门的主要手段。通过传球组织各种战术，发挥集体力量，球员熟练掌握各种传球技术是提高进攻成功率的基础。

传球的方法有很多，根据脚的接触部位不同，可分为脚内侧传球、脚背正面传球、脚背内侧传球、脚背外侧传球、脚尖传球和脚后跟传球等。但无论哪一种传球技术，其完整的动作过程都包括助跑、支撑脚站位、踢球腿摆动、脚踢球和踢球后的随前动作五个技术环节。其中，支撑脚站位、踢球腿摆动和脚踢球三个环节是决定踢球力量及准确性的重要环节。（图103～图107）

1. 助跑

图103

2. 支撑脚站位

图104

3. 踢球腿摆动

图105

4. 脚踢球

图106

5. 踢球后的随前动作

图107

第二节　脚内侧传球的动作要领和教学步骤

脚内侧是踢球时最常使用的部位，它触球的面积比脚的其他部位都大，这使在踢球时可以更容易控制球。因此，脚内侧传球是进行短距离传球和射门的理想方法。（图108）

图108

一、脚内侧传球的动作要领

（1）直线助跑，支撑脚落在球的一侧。（图109）

（2）脚趾指向出球方向。（图110）

（3）踢球腿以髋关节为轴由后向前摆动。（图111）

61

图109 膝关节微屈　支撑脚踏在球侧

图110 脚趾指向出球方向

图111 由后向前摆动

（4）膝关节和踝关节外展，脚尖稍上翘。（图112）

（5）以脚内侧对准来球。（图113）

（6）当膝关节摆至接近球体上方时，小腿加速前摆。（图114）

（7）击球刹那，脚跟前顶，脚型固定。用脚内侧踢球的后中部。（图115）

（8）击球后，踢球腿顺势前摆落地。（图116）

图112

图113

图114

用脚内侧踢球的后中部

图115

图116

二、脚内侧传球的教学步骤

（1）示范讲解。（图117）

（2）两人一组的模仿练习。（图118、图119）

图117

图118

图119

（3）拉开的完整传球练习（两人一组）。（图120）

（4）运动中的传球练习（两人一组）。（图121）

图120

图121

第三节　脚背内侧传球的动作要领和教学步骤

　　脚背内侧传球是常用的传球技术，它的特点是摆踢动作顺畅、幅度大，脚触球面积大，出球平稳有力，且性能和路线富于变化等，适用于中远距离传球和射门。

一、脚背内侧传球的动作要领

（1）斜线助跑。（图122）

（2）助跑方向与出球方向约呈45°。（图123）

（3）支撑脚踏在球侧后，脚趾指向出球方向，膝关节微屈。（图124）

图122

图123

膝关节微屈

图124

（4）眼睛看球，重心稍倾向支撑脚一侧。（图125）

（5）在支撑脚落地的同时，踢球腿以髋关节为轴，大腿带动小腿由外后向前内略呈弧线摆动，膝关节和踝关节稍外旋。（图126）

（6）当膝关节摆至接近球体的内侧上方时，小腿加速前摆。（图127）

图125

图126

图127

（7）击球时，膝关节向前顶送，脚背绷直。（图128）
（8）以脚背内侧击球的后中下部。（图129）
（9）击球后，踢球腿顺势前摆落地。（图130）

图128

图129

图130

二、脚背内侧传球的教学步骤

（1）示范讲解。（图131）

（2）两人一组的模仿练习。（图132、图133）

（3）拉开的完整传球练习（两人一组）。（图134）

图131

图132

图133

图134

（4）运动中的传球练习（两人一组）。（图135）

图135

第四节　弧线球的原理和动作示范

一、弧线球的原理

弧线球是指当作用力没有通过球心时，球会产生相应的旋转，在空气阻力的作用下，旋转着的球将绕自身的旋转轴运行一段弧线距离。旋转球在空中运行时，会带动球体周围的空气随球体表面转动形成环流，并对球体产生一定的压力，导致球体周围产生相应的气压差异。压力的大小遵循伯努利定律："流速越快，压力越小，流速越慢，压力越大。"
（图136~图138）

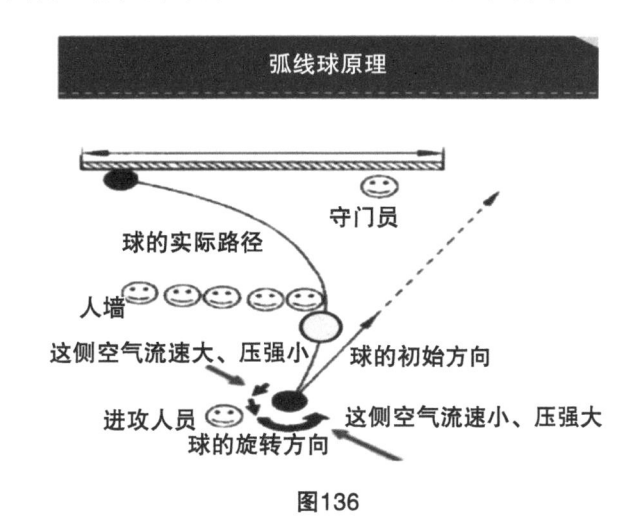

图136

弧线球原理

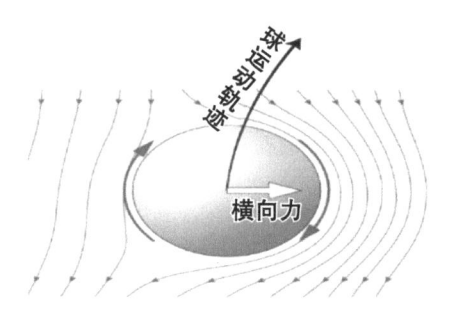

图137

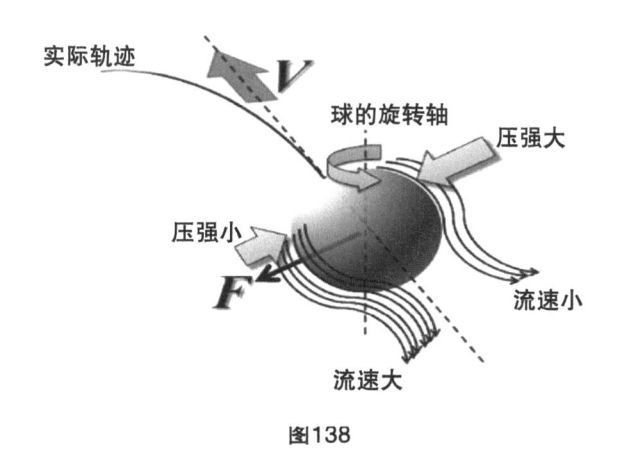

图138

　　在常规情况下，排除风力及其他现象，产生弧线球须具备两个基本条件：一是球必须旋转；二是要与空气阻力发生作用。当作用力偏离球心时，球便会产生相应的旋转，在空气阻力的作用下，球将会绕自身的旋转轴进行旋转，并由压力大向压力小的一侧产生一定距离的弧线位移，从而形成所谓的弧线球。

　　在足球实践中，可通过反复练习，如调整传球力量、作用力、方向或击球点等，体会弧线球运行轨迹的变化特点和规律，但仍需从理论上加深认识，这是掌握弧线球技术不可缺少的一个方面。

二、脚背内侧和脚背外侧弧线球动作示范

（1）脚背内侧弧线球示范。（图139、图140）

图139

图140

（2）脚背外侧弧线球示范。（图141、图142）

图141

图142

第五节　传球的练习方法

（1）尽量用外侧脚传球，这样传球角度大，防守球员抢断球的可能性降低。（图143）

（2）接球球员给运球球员传球后要积极后撤接应，此练习除了能练习传球，还能培养后撤接球的习惯。（图144、图145）

（3）边中结合下底传中，此练习可以结合具体战术，提高传球的综合运用能力。（图146、图147）

图143

图144

图145

图146

图147

运动员除掌握传球技术外，还要提高判断能力和找准备传球的时机，如根据场上的情况进行长传球、短传球、直传球和横传球及射门等。

总结

球星故事

孙雯的成长经历

孙雯，世界著名足球运动员。1996年亚特兰大奥运会，在她和队友的共同努力下，中国队进入决赛并获亚军。在1999年第三届国际足联女足世界杯中，她以漂亮的7次进球成为最佳射手，并被评为最佳球员。在此次世界杯上，中国队获亚军。在2000年悉尼奥运会上，孙雯荣获最佳射手。在2000年12月，孙雯和美国名将米歇尔·阿科尔斯被国际足联授予"20世纪的世纪足球小姐"称号。2019年8月，孙雯当选中国足协副主席。

1985年，12岁的孙雯按照自己的意愿进入了上海市体育运动学校，正式开启了自己的足球生涯，但似乎并不那么如意，因为开始正规训练的时间晚，孙雯在队里的训练要比别的孩子更加艰难，她不规范的踢球方式和动作遭到了队友的嘲笑，她努力改正，一遍一遍地反复练习，每一次都拼尽全力、咬着牙坚持下来。果然功夫不负有心人，5年后，孙雯凭借出色的能力和成绩成功入选国家女子足球队。

1991年，广东举办了第一届国际足联女足世界杯，这也是孙雯参加的第一次真正意义上的比赛，即使训练过无数次，此刻也显得异常紧张。在第二轮比赛中，孙雯踢入关键一球，中国队和丹麦队战成2：2平局。但在四分之一决赛上，中国队以0：1负于瑞典队，无缘4强。第一次比赛失败了，孙雯无疑是失望的，但失败后才会成长，孙雯重新振作起来，对自己的训练要求也更为严格。4年后，瑞典举办了第二届国际足联女足世界杯，在第一轮比赛中，孙雯以关键一球持平上届冠军美国队，后面比赛中又以3：1战胜丹麦队，最后获得第四名的好成绩。

孙雯话不多，也不太擅长与人交流，她的身体条件也不是最好的，但

第五章 足球技术之传球

77

是她的抗压能力极强，面对强劲的对手孙雯总能挺身而出，不紧不慢，沉着冷静，用一个个漂亮的传球和精准的射门提升球队的士气。孙雯在场上的精彩表现得到了所有人的称赞，这一点孙雯当之无愧，她也成为大家心目中认可的队长。

1996年亚特兰大奥运会首次引入女足比赛，孙雯带领队友一起冲破重重难关，一路杀进总决赛，这也让孙雯迎来了高光时刻，被国家体委授予了体育运动一级奖章，又先后获中华人民共和国第八届运动会女子足球赛冠军及第十三届亚运会足球比赛冠军。但这背后的痛只有孙雯自己知道，为了能顺利参加奥运会，她摘掉了撕裂的半月板，这恐怕是常人无法忍受的，但她做到了，最后也用实力证实了自己在中国女足中有着无可替代的作用。女足姑娘们不畏强敌、勇敢拼搏的精神，感染了许多中国球迷，无数网友称她们为"铿锵玫瑰"，人们在她们身上看到了中国女足的希望和未来。

1999年第三届国际足联女足世界杯在美国举行，中国队在小组赛中先后战胜了加纳队和澳大利亚队，顺利晋升四强，在半决赛上，孙雯连中关键2球，让中国队以5∶0全胜挪威队，并顺利进入决赛，最后也不负众望荣获亚军。同年11月，孙雯与队友合作荣获第十二届亚洲杯女子足球赛冠军。如果说上一次是孙雯的高光时刻，那么这一刻是中国女足的高光时刻。孙雯从小组赛到决赛一共打入7球，被誉为"最佳射手"，凭借出色的表现被评为"最佳球员"，并包揽了本届世界杯的金球奖和金靴奖，实至名归。

2000年悉尼奥运会上，孙雯表现极为出色，共进4球，其中还包括分别用左右脚射入的任意球，又一次被誉为"最佳射手"。同年12月，孙雯和美国老将米歇尔·阿科尔斯一同被国际足联评为"20世纪的世纪足球小姐"，后又被誉为"穿着裙子的马拉多纳"，给予了孙雯至高无上的荣誉。同年年底，孙雯加盟了美国女足大联盟的亚特兰大撞击队，又前往参加首届美国女足大联盟联赛。2002年，孙雯在打联盟比赛中出场18次，共进4个球，随后孙雯为备战亚运会和世界杯，选择退出大联盟。下一年孙雯又参加了第四届国际足联女足世界杯，帮助中国队以1∶0战胜加纳，但遗憾止步于四强。

常年高强度的训练，累累伤病加上年龄的增长，这么持续下来身体指定是吃不消的，孙雯也未能幸免，2003年最后一场比赛打完后，孙雯在媒体面前宣布自己正式退役。可能因为看女足比赛又燃起了孙雯的热情，又或许是迟迟放不下自己的热爱，2005年12月孙雯又复出参加了国家队训练，选择遵循自己内心的选择。后因年龄和身体原因，次年孙雯第二次宣布退役。

现如今，中国女足还在赛场上努力拼搏着，无论结果怎样，无论别人怎么说，她们都一直坚持着、努力着。其实回看孙雯的经历，我们也能深深感受到坚持的重要性，任何事情都不是一次就能成功的，都需要自我磨炼的过程，但是放弃，必定会输。即使自己身处黑暗，即使日子并不好过，但只要坚持、守住自我，希望一定就在前方等着你。

思考与练习

1. 传球技术动作完整的动作过程包括（ ）。

    A. 助跑

    B. 支撑脚站位

    C. 踢球腿摆动

    D. 脚踢球

    E. 踢球后的随前动作

2. 符合脚背内侧传球的特点是（ ）。

    A. 摆踢动作顺畅、幅度大

    B. 脚触球面积小

    C. 出球平稳，线路无变化

    D. 适用于短距离传球

3. 简述弧线球的原理。

第六章　足球技术之接球

本节课教学目标为学习各部位的接球方法、掌握各部位接球要点。

本课重难点是接球的核心技术，包括切球、迎撤。

接球

一、切球

切球是将动能转换为旋转势能，通过下切动作加快球的回旋速度，增大球与地面的摩擦力，使来球力量得以削弱，从而达到控球的目的。（图148）

图148

二、迎撤

迎撤是指以身体相应部位前迎来球，触球刹那向回引撤以缓冲来球力量的动作方法。只要掌握切球和迎撤的技术要领，就能学会如何接球。（图149）

图149

第一节　接球概述

接球是指运动员用身体的有效部位，将运行中的球有目的地接控在所需位置上的动作方法，是运动员获得球的主要手段。

接球的方法有很多，按身体部位可划分为7类：脚底接球、脚内侧接球、脚背正面接球、脚背外侧接球、大腿接球、胸部接球和头部接球。（图150）

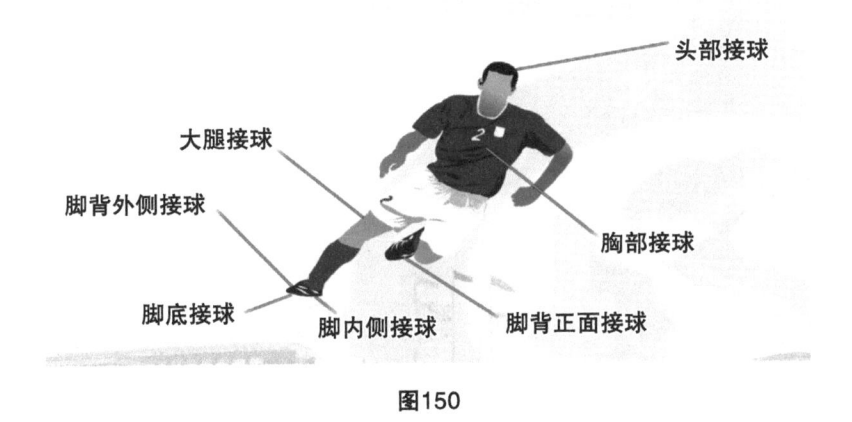

图150

根据球的活动状态可分为停地滚球、停反弹球、停空中球。

练习方法有讲解示范、分组练习、持续练习法。

第二节　脚内侧接地滚球的动作要领和示范教学

脚内侧接球是最基本的接球方式，也是在足球场上运用最多的接球方法。它的特点是用途广泛、接球平稳、可靠性强、运用时灵活多变。

（1）判断来球的速度和方向，及时调整身体，正对来球，观察周围情况。（图151～图153）

图151

图152

图153

（2）选好支撑脚位置，膝关节微屈。（图154）

（3）接球脚根据来球状态，相应抬起，膝关节和踝关节旋外，脚尖稍翘，用脚内侧对准来球。（图155）

（4）触球刹那，接球部位相应的切挡、切推、切拔或迎撤接球，将球控在合适的位置上。（图156）

图154

图155

图156

第六章 足球技术之接球

第三节　脚内侧接反弹球的动作要领和示范教学

（1）选择最佳支撑脚位置，同时身体要跟上。（图157）
（2）接球脚的小腿与地面形成一定的夹角。（图158）
（3）向下做压推动作时，膝关节要领先，小腿留在后面。（图159）

图157

图158

图159

第四节　接球的练习方法

将标志物摆成边长为1.5米的正方形，两人一组，一人传球，另一人在方形里做各部位接球练习。（图160）

图160

1. 各部位接地滚球

（1）两人一组，相距5米，用切挡、迎撤的方法依次做脚上各部位接球练习，并依次加大距离。（图161）

图161

（2）两人一组，在跑动中做传接球练习，依次加大距离。（图162）

图162

2. 各部位接反弹球

（1）自己向上抛（踢）球，练习接反弹球。（图163）

图163

（2）两人一组，相距15米左右。一人踢有一定弧度的抛物线下落球，另一人迎上接反弹球。（图164～图166）

图164

图165

图166

87

3. 各部位接不同方向的球

（1）两人一组，相距5~8米，一人抛另一人接做各个部位的接球练习。（图167）

图167

（2）两人一组，相距15米左右。一人踢有一定弧度的抛物线下落球，另一人迎上接空中球。（图168）

图168

各部位都可用切球、迎撤的方法接不同状态的球。

合理安排练习方法。

采用合理的练习方法以分组和持续练习法为主。

停空中球和反弹球时，尽量采用手抛球的练习方式来进行，增加练习的密度。

总结

球星故事

乔治·维阿：从穷小子到足球巨星再到一国总统

乔治·维阿，1966年10月1日出生于利比里亚共和国首都蒙罗维亚，前利比里亚足球运动员，司职前锋，利比里亚共和国第25任总统。

乔治·维阿的职业生涯夺得过两次意大利甲级联赛冠军、一次法国甲级联赛冠军、一次英格兰足总杯冠军，并于1995年包揽金球奖和"世界足球先生"两项个人荣誉。2003年，乔治·维阿宣布退役。2001年，乔治·维阿以球员兼教练的身份率领利比里亚国家队历史性地挺进了世界杯资格赛。2003年，乔治·维阿在利比里亚共和国创立"民主变革大会党"，开始了他的政治生涯。2017年12月27日，乔治·维阿以61.5%的得票率成功当选利比里亚第25任总统。

回顾维阿的故事：无论是踢球，还是从政，他都是起点很低、后来居上的大器晚成者，他遇到过很多的困难，也走过了神奇逆袭之路。而他所依靠的，就是勤勉，就是努力，就是一颗迎难而上、永不退缩的赤子之心。

维阿出生在利比里亚蒙罗维亚附近的贫民窟，从小父母离异，由祖母抚养长大。因为贫穷，初中没毕业就退学工作了，那时候，他最喜欢的事就是和朋友们踢球。

因为家境、纷乱、国家形势的原因，维阿14岁时，才真正开始接受专业足球训练。在这之前，他都是自己"踢野球"而已。因此，从接受足球训练开始，维阿就是一位"后进生"。要知道，同时代的球星们，如巴乔、马尔蒂尼等人，14岁时已经是受过多年集训，并在各级少年比赛中打

89

过数百场的球员了。

维阿最初开始接受足球训练时，在利比里亚首都卡拉城的蒙罗维亚少年队，他打的是门将。全世界的孩子们排定球员所打位置的规则都是一样的，球技最好的去踢前锋，球技最差的去当门将。不认命的维阿努力训练，付出远超旁人的努力，但因为起步太晚，直到20岁，他才在利比里亚甲级联赛踢上比赛，21岁时，他还混迹在非洲球队温德托里队。他的足球起点，可以说是非常低。

在22岁这一年，维阿加盟法甲马赛队，第一个赛季凭借各条战线的17个进球锁定主力，成为法甲一线明星。但正当人们认为维阿的明星之路将就此成为康庄大道时，23岁的维阿遭遇了突如其来、缠绵两年、一度复发的重伤。在那时，没有人会认为这位非洲小伙能够冲向足球最高舞台。

但坎坷波折挡不住真正的强者！维阿成为足坛"大器晚成"的球员典范。29岁加盟AC米兰后，维阿爆发出惊人的能量，打入过诠释足球运动极致魅力的神奇入球，并一举夺取"世界足球先生"。世人在称颂维阿神奇逆袭的职业生涯时，不应该忽视：他能做到这一点，不仅是因为他天赋异禀，也不仅是因为他勤勉努力，而是因为他不认命、不服输、不会因为艰难险阻而有丝毫的退缩！如果没有这些，他如何能成就奇迹！

1989—2003年，利比里亚两次爆发内战。长达14年的战争导致20多万人丧生，还让上百万人流离失所。当2003年内战结束之际，利比里亚的失业率已经高达85%。好不容易战乱止息，利比里亚全国社会慢慢恢复安定，获得一段宝贵的经济发展时机之时，2014—2016年，肆虐西非的埃博拉病毒又在这个饱受战乱之苦的国家夺走了将近5000人的生命。贫穷和疾病，这两项人类社会所面临的最大挑战，一直折磨着利比里亚人民。而维阿，则坚定地站了出来，利用他的影响力和决心，试图挽救自己的祖国于水火之中。

球员时代的维阿，就不曾缺乏过家国情怀。他一直想帮助利比里亚国家队从世界杯非洲区预选赛突围，带领祖国打进世界杯的舞台。可惜的是，即使维阿倾囊相助，在1998年世预赛期间替整支队伍负担起了所有出征客场的开销，但却依旧无济于事。维阿，也成了一位"悲情英雄"，他是所有获得"世界足球先生"这个奖项的巨星中，唯一一位终其职业生涯也未曾参加过世界杯的球员。

也许是从冲击世界杯失败的过程中，维阿明白了一件事：一个社会动荡到人民连饭都吃不饱的国家，怎么可能打造出一支能够征战在世界杯舞台的国家队呢？于是，他在退役后积极投身于各项能够改善利比里亚民生的事务之中。维阿曾出任联合国儿童基金会亲善大使，资助国内上万名失学儿童重返校园，为利比里亚的未来奠定基础；在埃博拉病毒肆虐祖国期间，维阿也在各处全力奔走，发挥自己的影响力和人脉，为利比里亚找寻援助。在内乱频繁、人才匮乏且发展陷入泥潭的利比里亚，乔治·维阿已经足以成为全国人民敬若神明的国家名片。

我们一直在说"不忘初心"是一种难能可贵的重要品质，而从利比里亚首都蒙罗维亚贫民窟出身的乔治·维阿，毫无疑问是这种品质的最佳典范。维阿深知贫民疾苦，也未曾满足于球员时代的成就（哪怕他做到的是前无古人的伟业），放弃优渥享乐的生活，投身于拯救祖国的事业之中。这样的人，完美诠释了何为"英雄"二字。他的伟大，从足球延伸到了祖国的未来之中。乔治·维阿，真英雄也！

思考与练习

1. 决定踢球力量及准确性的重要环节是（　　）。

    A. 助跑

    B. 支撑脚站位

    C. 踢球腿摆动

    D. 脚踢球

2. 简述脚内侧接地滚球的动作要领。

第七章　足球技术之头顶球

　　头顶球是指运动员有目的地用前额将球击向预定目标的动作。足球比赛中运动员不仅要处理各种各样不同形式和不同性质的地滚球,同时也要处理各种空中球。使用头顶球技术,不仅可以进行传球、抢断球、射门,而且利用鱼跃头顶球可以扩大运动员的控制范围、防守时抢险。

头顶球

　　本课教学目标为学习和掌握各种头顶球的动作要领。
　　本课重难点有摆动、头触球、触球后的身体控制。
　　本课的练习方法有讲解示范、模仿练习法、分组练习、持续练习法。

第一节　头顶球的分类与技术动作分析

一、头顶球技术的分类

头顶球技术的分类如图169所示。

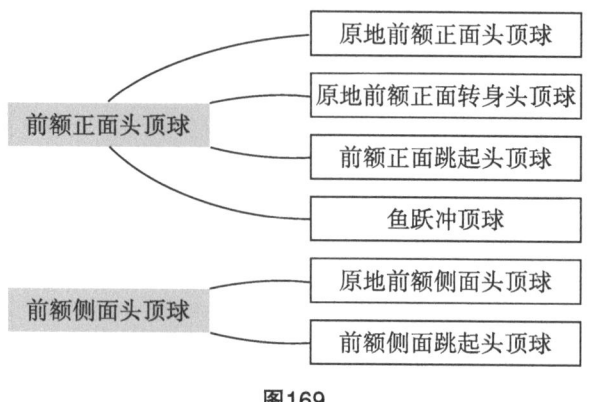

```
                        ┌── 原地前额正面头顶球
                        ├── 原地前额正面转身头顶球
    前额正面头顶球 ─────┤
                        ├── 前额正面跳起头顶球
                        └── 鱼跃冲顶球

                        ┌── 原地前额侧面头顶球
    前额侧面头顶球 ─────┤
                        └── 前额侧面跳起头顶球
```

图169

二、头顶球的技术动作分析

1. 判断与选位

判断与选位是正确完成头顶球动作的前提，可直接影响顶球时间、方向和力量，合理的选位应以准确的判断为依据。因此运动员首先要判断来球的路线、速度和性质，并据此进行相应的移动选位。选位时两眼要始终注视球的变化，及时调整自己的移动路线，使自己处于最佳的预顶位置（这一位置既能保证顶球动作的顺利完成，又能达到理想的顶球效果）。（图170~图172）

图170

图171

图172

2. 蹬地与摆动

蹬地是头顶球的起始发力阶段。其作用：在跳起顶球时，利用下蹬反作用力起跳腾空，使身体到达跳顶位置；通过有力的后蹬，加速身体的摆动，增大顶击力量。（图173、图174）

利用下蹬反作用力

图173

依靠近腰腹部肌肉力量

图174

摆动是顶球的主要力量来源。摆动的效果主要取决于腰腹部肌肉的力量与动作协调性。摆动的幅度应根据顶球的目的确定。大摆幅的动作技巧是通过身体的反向背弓或侧屈，使另一侧的肌肉充分伸展拉长，以加强腹背肌肉屈伸作用，为加快摆速创造条件。大摆幅的顶球力量大、出球有力、速度快，适用于较远距离的传球、破坏球和大力射门。小摆幅是利用腹部肌肉的弓身拉长与收缩，靠颈部猛然加力顶击球，其动作准备期短，动作突然，出球线路灵活多变，但力量较小，适用于短传和近射。（图175、图176）

图175

图176

3. 头触球

这一环节的主要任务是保证顶击球的效果。头触球这一环节为主动击球，也称为击球动作。其动作包括击球时机、顶球部位、颈部发力动作和触球后的身体控制。

（1）击球时机。从理论上讲，最佳的时机应是在头部摆至垂直部位时发力顶击，因为这时身体重心相对平稳，便于动作的控制，能够充分发挥摆体的速度，否则将会影响顶球的力量。（图177）

（2）顶球部位（以前额正面为例）。顶球部位是指顶球时头与球的对应部位，包括头的触球部位和击球点，它直接影响顶球的准确性和力量。因此，应根据来球的路线、出球的方向来确定相应的击球部位，以保证球能按预定的路线运行。（图178～图180）

（3）颈部发力动作。颈部发力动作是整个发力过程的最后阶段。颈部发力应短促有力，这样可以较好地把握顶击时机，并保证击球的速度。常见的颈部发力动作有向前顶送、向下点击、向侧摆甩和向后蹭顶等，击球时颈部的适度紧张具有一定的保护作用。（图181）

图177

图178 顶球部位

图179 击球点

图180 头与球的对应部位

图181 颈部发力动作

第七章　足球技术之头顶球

97

4. 触球后的身体控制

顶击球后，身体姿势的控制将会直接影响下一步行动。因此，在冲顶、跳顶、争顶或鱼跃顶球后，既要注意落地缓冲和保护动作，又应注意控制身体姿势，保持重心的稳定，保证动作的转换速度。

第二节　原地前额头顶球的动作要领和示范教学

一、原地前额头顶球的动作要领

原地顶球时，身体正对来球，两脚成前后或者平行站立，膝关节微屈，两眼注视来球，上体稍后仰，两臂自然张开，挺胸展腹，下颌收紧。顶球时，蹬地、收腹、摆体、顶送发力，当头摆至身体垂直部位时，用前额正面顶球的后中部。顶击球瞬间，颈部肌肉保持紧张，顶球后继续前送，以便控制出球的方向。（图182～图186）

图182

图183

图184

图185

图186

第七章 足球技术之头顶球

99

二、原地前额头顶球的示范教学

1. 原地模仿练习

一人持球,另一人做模仿动作,注意持球高度不要过高。(图187~图189)

图187

图188

图189

2. 自抛自顶练习

自抛自顶练习如图190~图192所示。

图190

图191

图192

3. 一人抛球一人顶球练习

一人抛一人顶练习如图193～图196所示。

图193

图194

图195

图196

4. 头顶球射门练习

头顶球射门练习如图197～图199所示。

图197

图198

图199

第三节　鱼跃头顶球的动作要领和示范教学

一、鱼跃头顶球的动作要领

鱼跃头顶球时，要准确判断来球，掌握好起跳时机和击球点，利用积极后蹬使身体向前水平跃出，两臂微屈前伸，眼睛注视来球，利用身体的水平冲力将球顶出。击球后，两臂屈肘伸手撑地，随后，腹和大腿依次缓冲着地。（图200～图202）

图200

图201

图202

二、鱼跃头顶球的示范教学

（1）屈膝跪地模仿练习。
一人持球，另一人做模仿动作，注意抛球高度不要过高。（图203）
（2）下蹲模仿练习。（图204）
（3）一人抛球一人顶球练习。（图205～图207）

图203

图204

图205

图206

图207

（4）头顶球射门练习。（图208～图210）

图208

图209

图210

注意事项：练习鱼跃头顶球时一定要做好准备活动，并做好保护，可以在沙地练习或者铺好海绵垫、瑜伽垫等，严格按照动作规范，循序渐进地进行练习，避免受伤。

第四节　头顶球的练习方法

（1）二人一组手抛球（直接抛、抛反弹球）做前额正面的各种头顶球。（图211）

（2）三人一组做跳起前额侧面头顶球。（图212）

图211

图212

（3）两人一组头球互顶。（图213～图215）

图213

图214

图215

（4）三人一组，干扰下的头顶球。（图216～图218）

图216

图217

图218

> 头顶球的练习要重视发力的顺序、要选择正确的触球部位。鱼跃头顶球的练习要做好对学生的保护措施，按照正确的教学步骤进行，避免伤害情况的发生。
>
> **总结**

球星故事

莫德里奇励志故事

卢卡·莫德里奇，这位克罗地亚的足球巨星，他的人生充满了励志色彩。

1985年9月9日，莫德里奇出生于克罗地亚的达尔马提亚地区，那时这里还属于前南斯拉夫。在他年幼时，南斯拉夫地区爆发了民族冲突，他的家乡陷入了战火之中。无奈之下，莫德里奇一家开始了逃亡之路，最终在扎达尔落脚。尽管身处战火覆盖的地区，炮声是生活的主旋律，但莫德里奇展现出了对足球的喜爱。无论是与其他小朋友一起踢球，还是独自玩耍，他总是与足球为伴，并逐渐显露出了足球天赋。当地最大足球俱乐部的球队总监约瑟普·巴杰洛发现了这块璞玉，认为他是"与众不同的瑰宝"，随后莫德里奇加入了扎达尔俱乐部的青训营，开始了他的足球生涯。

在青训营的两年多时间里，即使是在战火中，莫德里奇也坚持训练，成为了扎达尔青训营的两颗明珠之一。

随着年龄增长和球技精进，莫德里奇需要在更广阔的足球舞台上前行。2001年，16岁的他得到了进入克罗地亚顶级俱乐部——萨格勒布迪纳摩俱乐部的机会。不过，国家级的顶级俱乐部毕竟不同凡响，初出茅庐的莫德里奇面对飞快的比赛节奏和强烈的身体对抗，显得有些无所适从，即便偶尔作为替补登场，也难以有亮眼的表现。这样的情况持续了约两年，莫德里奇在萨格勒布迪纳摩的表现依旧平平，俱乐部中有人提议将他出售给其他球队。好在扎达尔的巴西奇教练极力保荐，俱乐部最终决定将他租借给波黑超级联赛的一支球队。在寄人篱下的日子里，莫德里奇深知如果

继续这样下去，自己的足球生涯可能很快就会结束，于是他选择奋力一搏。他没日没夜地训练，努力弥补自己的不足。功夫不负有心人，在代表租借球队出场的22次比赛里，他打进了8粒进球，还当选了波黑超级联赛的足球先生，脱颖而出的机会终于来临！好消息纷纷传至萨格勒布迪纳摩俱乐部，俱乐部高层庆幸当初没有放弃他。然而，也有人提出波黑超级联赛的球队水平有限，莫德里奇回国后可能表现不佳。于是，莫德里奇又被租借到萨格勒布英克尔俱乐部，结果他再次帮助球队斩获联赛亚军，本人也被评为克罗地亚年度希望之星。如此出色的表现让老东家眼前一亮，俱乐部大佬果断决定："你回来效力吧，老东家需要你！"

此后，莫德里奇的足球生涯逐渐步入辉煌。2008年4月，他转会至托特纳姆热刺足球俱乐部，开始征战英超赛场。2012年8月，莫德里奇加盟皇家马德里足球俱乐部。刚加盟皇马时，他因为身材矮小、对抗性不足、速度偏慢等原因，表现糟糕，被伯纳乌球迷称为水货。但莫德里奇没有放弃，通过刻苦训练找到了自己在球队的定位，他能攻善守、技术精湛，不惜体力的奔跑也逐渐赢得了球迷们的认可。

当阿隆索等中场球员离开后，莫德里奇顺利成为皇马的绝对主力，并换上了象征核心的10号球衣。他和克罗斯、卡塞米罗组成了威震全欧的典礼三中场，帮助皇马在欧冠赛场上创造了诸多辉煌。2017—2018赛季，皇马再次欧冠封神，达成欧冠三连冠的伟业。凭借在皇马的出色表现以及带领克罗地亚国家队在2018年世界杯取得亚军的成绩，莫德里奇打破了梅罗对金球奖长达十年的垄断，荣获当年的金球奖，实现了年度个人荣誉大满贯。

在国家队层面，莫德里奇同样表现出色。他四次征战世界杯、四次征战欧洲杯，带领克罗地亚队取得了优异的成绩。2022年卡塔尔世界杯，37岁的莫德里奇依然保持着场场首发，为球队贡献着自己的力量，帮助克罗地亚队获得季军。

莫德里奇的故事激励着无数人，他用自己的坚持和努力，克服了重重困难，从一个战火中成长的孩子，成为了世界足坛的顶级球星。他的足球生涯还在继续，他的传奇也将被人们铭记。

思考与练习

1. 头顶球的技术动作中头触球的动作，也称为击球动作，其中技术环节包括（　　）。

　　A. 击球时机

　　B. 顶球部位

　　C. 颈部发力动作

　　D. 腹部肌肉的弓身拉长与收缩

2. 前额正面头顶球技术有（　　）。

　　A. 原地前额正面头顶球

　　B. 原地前额正面转身头顶球

　　C. 前额正面跳起头顶球

　　D. 鱼跃冲顶球

3. 头顶球技术动作的环节有（　　）。

　　A. 判断与选位

　　B. 蹬地与摆动

　　C. 头触球

　　D. 触球后的身体控制

4. 简述原地前额正面头顶球技术动作的动作要领。

第八章 足球战术之二过一配合

二过一配合是足球比赛中进攻时的一种过人战术，即形成两人过一人的局面，二过一是一种局部小范围的战术配合，它也是整体进攻战术配合的基础。比赛中由于双方不停地变化攻守的队形，二过一的战机稍纵即逝，二过一配合的运用与队员技术能力、战术意识和默契水平密切相关。

二过一配合

第一节 二过一的种类与注意事项

二过一配合是指局部两名进攻队员通过一到两次传球，越过一名防守球员的配合方法。包括斜传直插、直传斜插、交叉换位、回传反切和套边插上。

一、斜传直插

此战术配合一般在控球队员遇到正面防守时采用，将球传给接应的同伴，然后迅速直线跑到防守队员的身后，接同伴的斜传球，达到突破防守的目的。（图219～图221）

图219

图220

图221

二、直传斜插

此配合是无球队员迅速斜线跑到防守队员的身后，接同伴的直传球，达到突破的目的。（图222～图224）

直传斜插二过一和斜传直插二过一的要点：

（1）呼应。传球队员和无球跑动队员要有眼神、语言或者手势上的沟通，可以持球队员通过传球引领无球队员跑动，也可以无球队员通过跑动引领持球队员传球。

（2）第一传要等防守队员接近而未完全靠近时传球。

（3）尽量用外侧脚传球。

（4）注意传球力度，做到球到人到，或人到球到。

115

图222

图223

图224

三、交叉换位

交叉换位是指在局部地区的球员为了摆脱对方球员的防守，运球队员与无球队员在防守队员前进行交叉跑动，并择机传球的战术配合方法。（图225~图227）

1

带球队员用远离防守队员的脚运球，并用身体挡住防守队员

接球队员要主动跑向同伴，并积极要球

图225

选择合适贴近的距离交换球权

图226

交换球权后，迅速摆脱防守并择机带球前进或传球

图227

第八章 足球战术之二过一配合

四、回传反切

接应队员与控球队员有一定的纵深距离，而且防守队员贴身逼抢时，可主动向后扯动，拉出空当，采用此配合。（图228～图231）

回传反切

无球进攻队员应积极主动回撤要球

图228

回传球要有角度

图229

反切队员尽量采用前转身摆脱

图230

两人要保持语言或者眼神的交流沟通

尽量用外侧脚传球
扩大传球角度

图231

注意事项：反切队员有两种转身方式，防守球员积极上抢可采用前转身反切插上，如果防守队员上抢比较谨慎，可采用后转身撤步与防守队员稍微拉开距离，观察防守队员的动作，做出相应的行动。

五、套边插上

中路球员向边路球员传球，边路球员接球后带球内切，中路球员从边路球员内切后留下的边路空当迅速插上，制造进攻机会。（图232～图234）

图232

图233

图234

二过一配合的注意事项：

（1）二过一配合的传球要以地滚球为主，多采用脚内侧或者脚背外侧传球，并且尽量用远离防守球员一侧的脚来传球，也就是通常说的"外侧脚"，达到出球准确、平稳、隐蔽、安全的效果。

（2）接应球员要积极主动地寻找时机和调整位置。

（3）持球队员要积极主动地运球突破，迫近并吸引防守队员，并且不要过早地暴露二过一配合的意图。

（4）两名进攻队员要保持呼应，传球和跑动时不仅要考虑同伴的位置和启动速度，而且要考虑防守队员的位置和动向，不要机械地采取行动。

（5）二过一的传球与接应要充分考虑角度、宽度和纵深，特别是回传反切二过一，传球队员与反切队员尽量不在同一纵轴线上传球与跑动，以免给传球和接球带来困难。

第二节　二过一的教学步骤

1. 讲解示范

可先用简洁、准确的讲解来说明各种二过一战术练习的具体方法和主要要求，也可以先以有利于队员观察的练习速度进行战术演示，然后用正常速度进行演示，使队员头脑中形成粗略的战术表象，并在此基础上简要说明练习方法、提出练习要点。

2. 熟悉线路

采用手持球或无球状态下的战术配合练习，有利于队员在初学阶段熟悉战术配合的基本跑动与传球线路。

3. 一停一传

在这一阶段，可以要求主动摆脱要球，将队友的传球停下来，然后二人相互观察呼应，再将球传出。可以持球队员指挥无球队员跑动，也可以无球队员跑动要球。

4. 不停直接传

在这一阶段，要求二人在跑动中调整步伐，并且积极呼应，争取在不停球的情况下完成跑动和传球，做到球到人到，人到球到。

5. 消极防守下的二过一练习

增加一名防守队员，在消极防守的弱对抗条件下，体会传球的线路、角度、力量、跑动时机，有利于队员在结合球的情况下加深对二过一战术配合的理解。

6. 积极防守下的二过一练习

在积极对抗下的二过一，需要队员全面掌握二过一的各种战术配合方法，根据防守队员的情况做出相应的选择。在二打二的情况下，应多采用交叉换位和套边插上的二过一配合方法，善于抓对方防守判断上的失误，积极果断地进行突破或传球。

第三节　各种二过一练习方法（供借鉴）

（1）防守状态下的直传斜插、斜传直插练习。（图235、图236）
（2）Y型回传反切和套边插上练习。（图237、图238）

图235

斜传直插

跑动路线　传球路线

图236

成Y字母形状站位，
队员2接队员1的传球后转身，
与队员3或队员4做回传反切二过一

Y型回传反切

图237

队员2接队员1的传球后转身
与队员3或队员4做身后套上练习

图238

（3）四边形二过一小组练习。（图239）

成四边形站位，此形式可以练习斜传直插、交叉换位以及身后套上等二过一

图239

二过一战术配合要注意的细节很多，希望能把各种二过一配合的细节吃透，并在教学训练中高度重视。在教学步骤上要遵循循序渐进的原则，从开始的熟悉线路、松动防守逐渐过渡到积极防守下的二过一配合。

总结

球星故事

从贫民窟到三夺世界杯冠军，贝利实现了"逆风翻盘"的奇迹

埃德松·阿兰特斯·多·纳西门托（又名贝利，1940年10月23日—2022年12月29日），出生于巴西特雷斯科拉松伊斯，前巴西男子足球运动员，司职前锋，曾被国际足联授予"球王"称号。

1956年，贝利于桑托斯足球俱乐部开始职业生涯，期间获得2次南美解放者杯冠军、2次洲际杯冠军、6次巴西全国锦标赛冠军和11次圣保罗州足球甲级联赛冠军。1957年贝利入选巴西国家队，代表巴西队参赛92场打进77球，夺得1958年、1962年、1970年三届世界杯冠军，为巴西永久保留雷米特杯，成为唯一曾三夺世界杯冠军的球员。1971年7月，贝利宣布退出巴

西队。1974年10月，贝利宣布退役。1975年，贝利在美国纽约宇宙足球俱乐部复出，并在1977年获得总冠军，同年10月再次宣布退役。

巴西时间2022年12月29日15时27分，贝利因结肠癌引发多器官衰竭去世，终年82岁。巴西政府宣布进入为期三天的哀悼期。

贝利在全世界的成名，和巴西本国的足球发展息息相关。巴西足球成就了贝利，贝利也成就了巴西足球，甚至成就了巴西整个国家。

对巴西而言，足球意义非凡。人们常说，巴西是足球真正的家，是足球的王国。19世纪末，查尔斯·米勒从大洋彼岸的英国将足球传入巴西，自此，足球运动开始在南美这片土地开启了神奇之旅。起初的巴西足球是一项"精英运动"，仅仅局限于白人上层阶级。20世纪20年代以后，足球运动在巴西国内不仅落地生根，而且迅速扩张传播到中下阶层。足球很快在巴西确立了国内第一运动的地位。在很长一段时间内，在巴西可以看到两种迥异又普遍的场景：精英阶层学习欧洲人，组建了俱乐部，一批专业足球运动员身着昂贵的装备，参加社会上层组织的比赛，而穷人们身着破烂不堪的衣服在街头巷角踢球消遣娱乐。

在巴西，足球除了能带来快乐外，还能为贫穷的人带来激励，它为当时的足球运动员提供了一条通往名誉和财富的道路。不过，对贝利当时的家庭而言并非如此。因为贝利的父亲并未踢出名堂，而且收入十分寒酸，他的母亲因而害怕踢球会影响孩子以后的生计，于是不希望贝利重走父亲的路，有时候甚至用惩罚来阻止贝利练球。不过，她很快发现这些都无法阻止贝利天性中对足球的渴望，也无法压制贝利在足球方面的天分。

贝利从幼时就开始擦皮鞋来补贴家用，而踢足球是他闲暇之余最爱做的事情。10岁时，他和伙伴们自组足球"俱乐部"，在小镇街头踢球。11岁那年，在一场街头足球赛中，巴西前国脚布里托发现了贝利的足球天赋，后来辗转将他带到了圣保罗州的包鲁运动俱乐部少年队，从1953年到1956年，贝利在该队踢了三年。后来，年仅15岁的贝利又被布里托推荐到桑托斯队。

1957年，也就是贝利进入桑托斯足球俱乐部的第二年，他在联赛中狂轰36球，震惊欧洲足坛。也就是这一年，巴西国家队也在全国范围内选拔能够代表巴西足球未来的"超级英雄"。贝利通过自身努力，如愿进入了国家队，自此，"球王"开始了他的世界征服之旅。

在1970年墨西哥世界杯上，29岁的贝利迎来了人生中的第三次世界杯冠军。决赛中，贝利为巴西队拿下首球，最终巴西以4：1赢得比赛。赛后，贝利在更衣室内大喊了三声："我没死！我没死！我没死！"他重新捡起在英格兰世界杯丢掉的声誉，自己成就了自己。

对"球王"这一称谓，贝利自己坦言，其实他每天都很紧张。他逐渐意识到，自己已经成为队里年龄最大的球员，这会是他最后一次世界杯，他甚至向上帝祈祷，能完成最后一届世界杯。1970年墨西哥世界杯的胜利，使他终于松了一口气，他觉得胜利给他最大的礼物不是奖杯，而是一种解脱。

人们都希望胜利者可以继续书写胜利。对贝利而言，这个胜利是他真正想传承下去的，他完成了自己的目标。

"那次世界杯对国家更重要，如果巴西输了1970年世界杯，当时的局势会变得更加糟糕，当我们成为冠军时，整个国家都可以喘口气。"贝利成功地将自己的成功与巴西的成功联系起来，就好像他手里拿着一面巴西国旗，他在参与一场没有硝烟的战争，和对手作战，和自己作战。

贝利在掌握运动与国家关系的尺度上，始终有所收敛。在他眼中，足球才是"最美的运动"。在他之后，巴西队涌现了罗纳尔多、罗纳尔迪尼奥、卡卡、内马尔等闻名世界的优秀足球运动员，他们让我们看到了巴西队的实力传承，却也总能依稀看到贝利的身影。

他是20世纪最伟大的球员，职业生涯共参加1366场比赛，打进1283球，这一数字被载入吉尼斯世界纪录。贝利用自己的经历告诉世人，成功不仅仅靠自己的实力，还要有更加强大的自信和永不屈服的决心。年龄与家庭，压力和嘲笑，都不是我们放弃梦想的理由，因为上天很公平，它把奇迹永远留给了那些坚持梦想的人。

思考与练习

1. 交叉换位二过一，带球人要（　　）。
   A. 用远离防守人的脚运球
   B. 交接球完毕后继续跑动
   C. 交接球完毕后停止跑动
   D. 用身体挡住防守队员

2. 套边插上的要求（　　）。

　　A. 原地等球

　　B. 呼应要球

　　C. 转身接球

　　D. 套边插上要积极果断

3. 简述常用的二过一战术有哪些。

第九章　足球战术之个人与小组攻防战术

个人及小组进攻与防守的站位和队形保持是构建攻防战术体系的根本。本课的教学目标是学会个人及小组进攻与防守的站位和队形保持；重难点有防守的选位、收缩，换位，进攻的接应，制造宽度；常用的练习方法有讲解示范、完整与分解法、模仿练习、分组练习、持续练习法。

个人小组战术

第一节　一对一攻防要点和练习示范

一、一对一防守要点

（1）延缓。积极而谨慎地逼近，拉开一定的距离，保持侧后身位防守姿态，延缓对手的进攻速度，为同伴回防争取时间。（图240～图242）

图240

图241

图242

（2）限制。堵中放边，伺机贴近对手，限制对手运球空间，制造压力。（图243~图245）

图243

图244

限制对手运球空间

图245

（3）破坏。在安全的条件下，破坏对手的持球，如果能抢断更好。（图246）

图246

二、一对一进攻要点

进攻队员要运球果断、勇敢地逼向对方，始终将球控制在身体重心下面或者运球腿膝关节下面；在距离防守队员一到两臂距离时果断做变向加速的动作，要与防守队员之间保持做动作的空间，不能被防守队员贴近身体，限制住变向加速的空间；摆脱后果断加速前进。

第二节　二对二攻防要点和练习示范

一、二对二防守要点

防守队员，一名上前逼近持球队员，另外一名收缩，并在其侧后方进行保护。如第一名防守队员被突破，要进行换位防守。（图247、图248）

图247

图248

二、二对二进攻要点

进攻队员，一名队员持球积极寻求突破，或者寻求二过一的机会，另外一名球员要拉开，创造进攻空间，并在其侧后方进行接应。（图249、图250）

图249

图250

第三节 三对三攻防要点和练习示范

一、三对三防守要点

当进攻方边路球员持球时，同侧的一名防守队员应积极而谨慎地上前盯防，同时中间防守球员要在其侧后方进行保护，远端防守球员向内收缩，并保持防守队形平衡。（图251、图252）

图251

图252

当攻方中路球员持球时，中间的防守队员向前盯防，同时两侧防守球员内收，并在其侧后方进行保护。（图253、图254）

图253

图254

防守队员要注意进攻方的变化，根据情况也可以采用追防或者换位防守相结合的方法。（图255～图257）

图255

图256

图257

二、三对三进攻要点

当边路球员持球时，中路球员靠近持球球员，并在其侧后方进行接应，远端攻方球员拉开距离，制造进攻空间。当中路球员持球时，两侧球员拉开空间并在其侧后方向进行接应。（图258、图259）

图258

中路队员持球时
两侧队员拉开空挡进行接应

图259

进攻球员要积极果断地进行突破和传切配合，整个过程要简练迅速，尽可能减少中间环节。环节越多，出错的概率就会增加，并且延缓进攻速度。（图260~图262）

图260

图261

图262

第四节 四对四攻防要点和示范练习

一、四对四防守要点

当对方一名队员持球时，位置接近的球员向前盯防，同时其他球员内收，并且相近的球员在其侧后方提供保护。整个防守队形要保持紧缩、平衡的状态，同时根据具体状况进行换位保护或者追防。（图263~图266）

图263

图264

图265

图266

二、四对四进攻要点

当一名球员持球时,相近的球员在其侧后方进行接应,同时要拉开距离,制造突破和传切的空间。同样整个过程要简练迅速,尽可能减少中间环节,环节越多,出错的概率就会增加,并且延缓进攻速度。(图267~图269)

图267

图268

图269

个人及小组进攻与防守的站位和队形保持的练习，要在攻守状态下进行演练，要遵循循序渐进的原则，可以先讲跑位，然后消极状态下练习，慢慢过渡到实战状态。

总结

球星故事

C罗励志故事

1985年2月5日，C罗（克里斯蒂亚诺·罗纳尔多）出生在葡萄牙马德拉岛的一个普通家庭。他的母亲多洛蕾斯做过杂工，父亲则做过花匠，还在业余俱乐部管理设备。C罗从小生活艰苦，睡在砖头搭的床上，住在下雨天会漏水的屋子里。然而，贫困并没有阻挡他对足球的热爱。他穿着哥哥不要的旧球鞋，踢着破旧的皮球，在街头巷尾展现出非凡的足球天赋。

10岁那年，C罗的亮眼表现引起了马德拉国民俱乐部的注意，成功加入了家乡最顶级的球队。尽管年纪小，但他技术出色，在球场上顽强拼搏，无论被对手铲倒多少次，都会立刻爬起来继续比赛。11岁时，C罗背井离乡，前往里斯本竞技试训。尽管面临诸多困难，如被队友嘲笑欺负、浓重的口音问题以及远离家人的孤独，但他十分要强，从不说自己的难处，只是在和家人通话时会默默流泪。除了完成教练布置的训练任务，他还常常在晚上独自去体育馆加练。15岁时，俱乐部发现他心脏有问题，好在通过手术治疗后他顺利康复。17岁时，C罗成功进入里斯本竞技一线队。

到了2003年，在一场曼联与里斯本竞技的比赛中，时任曼联主帅的弗格森慧眼识才，当场决定签下C罗。弗格森将极具意义的曼联7号球衣交给了他，而C罗也没有辜负这份期望。身披红色曼联7号的他获得了人生第一个金球奖、金靴奖、欧冠冠军、英超冠军等众多荣誉。

在2009年夏天，C罗加盟皇马，与梅西展开了直接的较量。在皇马期间，他表现出色，多次帮助球队夺得西甲和欧冠冠军。

C罗的成功不仅源于他的足球天赋，更离不开他的努力与坚持。他日常进行大量的力量训练，打造出雕塑般的身材，身体脂肪含量仅为7%，这使他成为"空中飞人"，屡屡贡献精彩的头球破门。同时，他保持着科学的生活习惯，饮食注重摄取高蛋白和碳水化合物，并保证每天8个小时的睡眠时间，还聘请睡眠专家提升自己的睡眠质量。

C罗的励志故事激励着无数人。他从一个贫困瘦弱的少年，凭借对足球的热爱和不懈努力，成为了足坛巨星。他的经历告诉人们，只要拥有梦想，并为之付出努力，就有可能实现看似遥不可及的目标。即使面对困难和挫折，也不能放弃，要坚持不懈地追求自己的梦想。正如他所说："如果没有努力，天赋一无是处。""我唯一的目标就是成为世界最佳，对此，我毫不掩饰。""胜利——对我而言这就是最重要的，就这么简单。"

思考与练习

1. 当二对二时，防守队员一名上前逼近持球队员，另外一名收缩，并在其（　　）进行保护。

  A. 正后方

  B. 侧前方

  C. 侧后方

2. 当一对一时，防守队员要做到的有（　　）。

  A. 延缓

  B. 限制

  C. 破坏

  D. 突破

3. 为什么进攻方的进攻过程要简练迅速？